守　望　经　典　　学　问　弥　新

未名社科·大学经典

# 常识

〔美〕托马斯·潘恩 著
赵田园 译

北京大学出版社
PEKING UNIVERSITY PRESS

## 图书在版编目(CIP)数据

常识/(美)潘恩(Paine,T.)著;赵田园译.—北京:北京大学出版社,2015.11

(未名社科·大学经典)

ISBN 978-7-301-26457-7

Ⅰ.①常… Ⅱ.①潘… ②赵… Ⅲ.①政治思想史—美国—近代 Ⅳ.①D097.124

中国版本图书馆 CIP 数据核字(2015)第 260572 号

| | |
|---|---|
| 书　　名 | 常　识<br>CHANG SHI |
| 著作责任者 | 〔美〕托马斯·潘恩　著　赵田园　译 |
| 责任编辑 | 耿协峰 |
| 标准书号 | ISBN 978-7-301-26457-7 |
| 出版发行 | 北京大学出版社 |
| 地　　址 | 北京市海淀区成府路 205 号　100871 |
| 网　　址 | http://www.pup.cn |
| 新浪微博 | @北京大学出版社　　@未名社科-北大图书 |
| 电子信箱 | ss@pup.pku.edu.cn |
| 电　　话 | 邮购部 62752015　发行部 62750672<br>编辑部 62753121 |
| 印 刷 者 | 北京汇林印务有限公司 |
| 经 销 者 | 新华书店 |
| | 890 毫米×1240 毫米　A5　5.125 印张　55 千字<br>2015 年 11 月第 1 版　2019 年 7 月第 4 次印刷 |
| 定　　价 | 26.00 元 |

未经许可,不得以任何方式复制或抄袭本书之部分或全部内容。
**版权所有,侵权必究**
举报电话:010-62752024　电子信箱:fd@pup.pku.edu.cn
图书如有印装质量问题,请与出版部联系,电话:010-62756370

托马斯·潘恩
(Thomas Paine, 1737—1809)

# 经典作家小传

托马斯·潘恩
(Thomas Paine,1737—1809)

美国著名思想家、作家、政治活动家、革命家、激进民主主义者和自然神论者。

潘恩于 1737 年 1 月 29 日出生于英国诺福克郡的一个穷苦家庭,后来投身欧美革命运动,成为"世界公民",1809 年 6 月 8 日逝于美国纽约,享年 72 岁。

北美独立战争期间,他撰写了这本取名为《常识》(Common Sense)的政治小册子,其言辞铿锵有力、酣畅淋漓,一时在北美地区广为流传,极大地鼓舞了北美民众的独立斗志,并为后来美国《独立宣言》的诞生铺平了道路,从而使潘恩成为美国开国元勋之一。《常识》这本书作为"美国独立革命的教科书"也成为后来世界各国争相传诵的政治学经典。

除了这本《常识》,潘恩还发表过很多影响时局的政治小册子。比如1776年在发表《常识》后不久,他又以《北美危机》为总标题撰写过13个小册子,鼓舞战争士气;1792年他在法国撰写了歌颂法国大革命的《人权论》,轰动一时;不久他又发表了《理性时代》,抨击基督教神学体系;他还曾受邀参与了法国《人权宣言》的起草。潘恩一生都在战斗,为自由、为人权、为共和,不屈不挠,甚至最后落得晚景凄凉、尸骨飘零。不过,他的思想原则却传遍了整个世界,经久不衰。

# 名师点评

建立新世界这个思想的代表人物,就是一个很有名的人叫托马斯·潘恩,他写的那个小册子,我们译为《常识》,等于是最早的独立宣言。该书批评英国的制度已经是一个陈腐的制度,提出要建立一个崭新的世界,脱离母体。……美国一天到晚认为它自己的制度是天下最好的最优越的最先进的,要把它的制度推广到全世界,其根源就在潘恩的那本小册子里。

——资中筠(中国社会科学院)

(《美国十讲》)

潘恩这个人在美国建国史上地位很高，按照我们中国的说法，文臣武将，华盛顿是武将，领导独立战争，潘恩是理论奠基人，他喊出了美洲独立的口号，并写过一本非常著名的小册子叫《常识》，鼓吹美国独立。

——钱乘旦（北京大学）

（《西方那一块土：钱乘旦讲西方文化通论》）


他有《常识》，反抗那时的政治传统；他有《人权论》，反抗社会传统；他有《土地正义论》，反抗的是经济传统；最后有《理性时代》，反抗的是宗教传统。这样一来，他就把那个年头能得罪的人类权势力量都得罪完了。他从地上打到天上，横扫俗界国王之后，又向灵界国王宣战，最后激起天怨人怒，自然落个遗骨飘零、死无葬身之地的悲惨下场。

——朱学勤（上海大学）

（《两个世界的英雄——托马斯·潘恩》）

# 目 录

导　言　/ 001

论政府的起源与目的，兼议英国政体　/ 007

论君主制与世袭制　/ 023

对当前北美形势的看法　/ 047

论现阶段北美的能力，兼谈几点杂感　/ 091

附　记　/ 117

附：致贵格会教友　/ 139

# 导　言

## 经典名句

◆ 由于这个国家中善良的人民遭受着联合压迫的痛苦，他们毫无疑问有权来质疑国王和他的议会的合法性，同样也有权拒绝任何一方的侵犯。

◆ 在很大程度上，北美的目标就是全人类的目标。

COMMON SENSE;
ADDRESSED TO THE
INHABITANTS
OF
*AMERICA*,
On the following interesting
SUBJECTS.

I. Of the Origin and Design of Government in general, with concise Remarks on the English Constitution.

II. Of Monarchy and Hereditary Succession.

III. Thoughts on the present State of American Affairs.

IV. Of the present Ability of America, with some miscellaneous Reflections.

A NEW EDITION, with several Additions in the Body of the Work. To which is added an APPENDIX; together with an Address to the People called QUAKERS.

N. B. The New Addition here given increases the Work upwards of One-Third.

*By Thomas Paine*

*Man knows no Master save creating Heaven,*
*Or those whom Choice and common Good ordain.*
THOMSON.

PHILADELPHIA, PRINTED;
LONDON, RE-PRINTED,
For J. ALMON, opposite Burlington-House in Piccadilly. 1776.

《常识》英文版内页

此译本根据 1776 年 2 月 14 日出版的第三版《常识》译成，潘恩在该版本中加上了有关贵格会教徒的附录。英文原文中的斜体在中文译文中加上了着重号，英文原文中的大写部分在中文译文中为加粗字体。——译者或许，我在下文提到的观点还没有引起大众的普遍关注；长久以来，人们形成了一种习惯，对于错误的事情不加思索，轻率地认为它是对的，而且会为了维护习惯而率先疾呼，反对有人诋毁它。不过这种情绪上的激动会很快平息下来。时间比理性更明白如何去转变人们的思想。

长期滥用权力通常会导致对权力本身合法性的质疑（但如果受害者没有被激怒而产生怀疑的话，恐怕永远不会有人想到这一问题）。英国国王已经开始依靠他自己的权力，来支持他所谓他们的议会；同时，由于这个国家中善良的人民遭受着联合压迫的痛苦，他们毫无疑问有权来质疑国王和他的议会的合法性，同样也有权拒绝任何一方的侵犯。

在下文的论述中，作者谨慎地回避了任何涉及我们个人感情因素的地方，文中也没有对任何个人的赞美或指责。明智者和值得赞美之人是不需要利用这本小册子的成功来扬名天下的；而那些不明智或不友好的人也终将转变态度、停止攻讦，只是我们要花费很大力气罢了。

在很大程度上，北美的目标就是全人类的目标。许多已经出现或是将要出现的情况并非局限于北美本地，而是具有世界共通性。如果这些情况影响到了全世界热爱人类的人们的信仰，那么他们为此付出的情感就关系重大。战火和刀剑使国家变得荒芜，它们向全人类的自然权力宣战，将地球上自然权力的支持者赶尽杀绝。每一个被上天赋予了感知力的人,都会为此感到担忧。本书的作者不畏惧政党的指责,他就是这类人中的一员。

**附言**:本书新版本的出版推迟了一些时间,目的是看看(如果有必要的话)是不是有任何驳斥独立主义的论调。既然目前还没有任何反驳,那么本书假定没有人会对此提出异议,因而,供公众提供反馈意见的时间也被认为已经过去。

至于本书的作者是何人,公众大可不必知晓,受到关注的应该是独立主义本身,而不是谁写下了这些文字。然而,有必要说明的是,作者本人不代表任何党派,也没有受到任何公众或个人的影响,他所依仗的只是理性和原则。

1776 年 2 月 14 日于费城

# 论政府的起源与目的，兼议英国政体

## 经典名句

◆ 社会是人民需求的产物，而政府则来自于人性的邪恶与不道德。

◆ 社会在任何情况下都是人民的福祉，而政府即使在最理想的状态下，也会带来祸患连连。

◆ 安全成为政府存在的意义和目的，毋庸置疑，不论政府以何种姿态出现在世人面前，只要人们能以最小的代价获取最大的安全利益，它都将得到所有人的青睐。

18世纪的雕刻,体现英国政制中国王、贵族、平民相互制衡而形成的平衡体制,但国王仍居于主导地位。

**有**些人混淆了社会和政府的概念,他们认为这两者并没有太多差异,甚至根本不存在任何区别;然而,这两个概念不仅是不同的,而且它们在起源上也迥然有别。社会是人民需求的产物,而政府则来自于人性的邪恶与不道德。社会通过汇集情感积极地提升人民的幸福感,而政府则通过限制人民的恶行消极地带来幸福。前者是善意的赠予者,鼓励交流和融合;后者扮演惩罚者的角色,制造差别与分裂。

社会在任何情况下都是人民的福祉,而政府即使在最理想的状态下,也会带来祸患连连;更不用说在最坏的情况下，它更加令人难以容忍。当我们遭到并承受政府带来的苦难时（虽然这些痛苦也可能在无政府国家中出现），当我们意识到这些苦难正是由我们亲手创造时，我们的遭遇显得更加不幸。政府好像一件外衣，它掩盖了天真纯朴受到残害的真相，就像把国王的宫殿盖在天堂亭台的废墟之上。如果明晰确凿、始终如一和无条件服从是良知的推动力，那人类将不再需要别的立法者。可惜事实并非如此，于是个人发现他需要以一部分财产为代价，换取其他人的保护。在每一种情形下，他都会被诱导着做出选择，秉承小心谨慎的原则，两害相权取其轻。因此，安全成为政府存在的意义和目的，毋庸置疑，不论政府以何种姿态出现在世人面前，只要人们能以最小的代价获取最大的安全利益，它都将得到所有人的青睐。

为了更清晰和准确地理解政府的意义和目的，让我们假设有这样一小部分人，他们生活在地球上一个隐秘的地方，与世隔绝，他们代表世界和任何一个国家的第一批移民。在这种天生自由的状态下，他们第一个念头是建立社会，无数动机将引导他们走向那个目标。个人的力量无法满足他的全部需求，而且他的心境和无尽的孤独又是那样格格不入，很快他就不得不需要他人的帮助和安慰；同样地，对方也有一样的要求。四五个人齐心协力就可以在荒野中建立起基本满足生存需要的家园，但是个体可能穷其一生辛苦劳作依然一无所成。他砍倒一棵树却无法搬动它，就算搬动了却无法将它直立起来，同时饥饿会迫使他放弃工作，每一种不同的需求都将他塑造成不一样的自我。疾病，甚至不幸，都可能导致死亡的到来，即使不至于置人于死地，也可能让他难以生存下去，使他陷入求生不得、求死不能的境地。

因此,这些需求像有吸引力一般,将新移民尽快融合成社会,只要他们彼此真诚相待,互相之间的帮助就将取代法律和政府的约束,并且让它们显得无关紧要。但是,只有天堂能够抵抗邪恶的侵蚀,他们才刚克服移民最初阶段的困难,罪恶就开始不停地衍生。困难的出现将他们团结起来,而一旦情况出现起色,他们就不再重视责任和彼此之间的感情。这种懈怠表明人们有必要建立某种形式的政府,只有这样,他们才能弥补道德上的缺陷。

某棵地理位置优越的大树就可以成为他们集会的议事厅,全体移民聚居区的居民聚集在树下议事厅,商讨公共事宜。他们最初制定的法律应当只是虚有其名的条令,触犯法律最多也就得到公众鄙视的惩罚。在第一次议会上，每个人都被赋予权力，拥有自己的一席之地。

但是移民聚居区不断扩展，公众的关注意识也随之增强，然而随着彼此之间住的距离变远，越来越难把所有人每次都聚在一起，因为这不比以前，当时聚居区的人数不多，大家住得很近，需要讨论的事宜不多且琐碎。人们意识到需要找寻便利的方法，于是他们从全体居民中选择了一部分人专门承担立法工作。这些被选拔出来的人应当代表广大民众，想大众所想，并且按照大众的行为方式处理问题。如果这些移民聚居区继续扩展，就有必要增加代表的名额，照顾到地区内各个部分的利益，最好将整个区域分成多个小区块，每个区块选出适宜的代表人数。此外，为了确保当选者不脱离选民，而只关心自己的利益，人们谨慎地意识到，还应该将选举这一形式常态化。由于当选者数月后会完成集会回归并融入民众之中，他们明白滥用权力的后果，因而对人民的忠诚就能得到保证。这一角色互换的频繁交流使得社会的各个部分都建立起共同的利益，人们自然地互相扶助，政府的实力和被统治者的幸福都来源于此（而非来源于"国王"这一无意义的称谓）。

以上就是政府的起源和兴起，也就是说，在道德无法治理世界时，政府模式应运而生。这也同时揭示了政府的目的和意图，即自由与安全。然而，即使我们的眼睛被纷繁复杂的世界弄得眼花缭乱，我们的耳朵被声音所蛊惑，也不管偏见如何扭曲了我们的意志，利益怎样蒙蔽了我们的见解，自然最质朴和理性的声音还是会告诉我们，这是正确的。

我对政府形成的理解来源于自然的法则,这是无法推翻和改变的,就是说,事物越简单,就越不容易陷入无序状态,即使出现混乱时也更容易被修复。从这条准则出发,我要简单评价一下被广为吹嘘的英国政体。诞生于黑暗的奴隶制时期的英国政体,在当时而言,显然是光荣而神圣的。当世界为暴政所侵扰之时,坚持这种政体仍然是对世界光荣的拯救。但是它并不是完美的,它向暴乱低头,它无法兑现自己承诺的效果,这些弱点显而易见。

专制政府(尽管作为人类自然本性不光彩的一面)存在这样的优势:它们很简单。如果人民承受苦难,而他们同时了解苦难的源头和补救的办法,他们就不会被各种各样的原因和拯救苦难的方法所迷惑。但是英国政体极为复杂,国家和人民会在苦难中挣扎多年,却找不到问题的真正所在，大家各持己见，每一个政治家都有不一样的意见。

我知道克服固有的偏见非常困难，但是如果我们多花点力气来分析一下英国政体的组成，我们会发现它只不过是在两大古代暴政残余的基础上，增添了一些新的共和政体成分。

第一，以国王为代表的君主专政的残余。

第二，以上议院为代表的贵族专政的残余。

第三，以下议院为代表的新的共和政体成分，英国的自由全部依赖于下议院的职能。

前两种权力都是世袭的，和人民没有太多关系，因此，从法治的角度来说，它们对国家自由没有任何贡献。

有人说英国政体是三股力量共同作用的结果，它们彼此能够互相监督，这非常可笑。这种观点要么毫无意义，要么就是彻底的矛盾观点。

之所以说下议院可以制约国王，主要是两个意思：

第一，如果没有人民的约束，国王不能被信任，或者换句话说，对绝对权力的渴望是君主专制政体的天生弊病。

第二，出于这一目的任命的下议院议员，不是比国王更有智慧，就是比他更值得信任。

但是，这一政体授权给下议院，使其通过控

制预算的办法制约国王的权力，而之后又授权国王，使他有权否决下议院的提案，从而制约下议院的权力。这传达出的含义是，虽然那些人已经被认为比国王英明，但是国王还是比他们更有智慧，这样的逻辑实在太荒唐了！

君主政体中有些东西非常可笑，它首先将人排除在各种信息之外，然后再授权他去解决需要做出明智判断的问题。君主体制使国王和世界隔绝，然而国王的工作却需要他洞悉一切；因此这两个截然不同的方面，违反常理地互相压迫与互相破坏，证明了君主的整个地位和存在就是荒诞和无用的。

一些人这样解释英国政体，他们说国王是一方，人民是另一方。上议院议员代表国王的利益，而下议院议员代表人民的利益。但这种解释使得议会彻底分割开来,与其设立的本意背道而驰。言语虽然华丽,但是一经推敲,就表现得毫无根据,模棱两可。即使是最完美的措辞,如果描绘的是不可能发生的事,或是无法解释的费解之谜,最终都只能归于文字的堆砌,响亮好听,却无法深入人心。解释这些还要先明白下面的问题:既然国王的权力不为人民所信任,常常需要人民对其加以监督,那么这种权力究竟是如何产生的?这一权力绝不会是英明的人民赋予的,而任何需要被监督的权力,都不可能来自于上帝。然而宪法条文却明确规定了这一权力需要存在。

但是,这项条文却发挥不了应有的效力,这种手段既不能也不会达到目的,整个事态的走向更像是自杀。就像是重的砝码可以称起较轻的东西,机器各个轮子的运转依赖于单个轮子的转动,我们还需要知道的是在政体中最重的权力是哪一种，这才是真正的统治力量。尽管其他权力，或者其中的一部分，能够阻碍和制约最重要权力的运转速度，但是只要它们无法让它停下，努力就是白费的。这种力量终将为所欲为，即使它在短期内无法快速实现，时间也会弥补一切。

英国政体中，国王就是这个压倒一切的权力，这点自然不必详述，他通过给予人们地位和津贴，从而获得这样的权力，这同样不言而喻。因此，尽管我们十分明智，给专制君主政体关上大门并上了锁，但是我们同时却非常愚蠢地给国王留下了打开这扇大门的钥匙。

英国人自身在这个问题上怀有偏见，他们支持自己由国王、上议院和下议院组成的政府，这更多的是出于民族骄傲而非理性。在英国，人民无疑比在其他国家来得更安全，但是，从国王的意志等同于国家法律这点上看,英国和法国等国没有差别。只不过英王的意志不是直接由他口述表达,而是通过议会法令这一最可怕的方式传达给人民。查理一世的命运只让国王们变得更加狡猾,而不是更加公正。

查理一世(1600—1649),英格兰、苏格兰和爱尔兰国王,英国历史上唯一一位被公开处死的国王。

因此,抛开那些出于民族骄傲和偏见而对政体形式和结构的支持,最明确的真理是,英国国王之所以不像土耳其国王那样暴虐严苛,都应归因于英国人民的素质(the Constitution of the People),而与政府的体制(the Constitution of the Government)无关。

目前看来，对英国政府形式中的体制性错误进行分析探讨，是非常必要的。如果我们持续受到一些明显偏私的影响，我们就永远不可能公正地评价他人；同时，当我们仍然受到顽固偏见的束缚时，我们也不能公正地评价自己。一个喜爱妓女的男人是不配选择和评价妻子的；同理，只要我们还怀有支持一种腐朽政体的偏见，我们就无法识别真正好的政体。

# 论君主制与世袭制

## 经典名句

◆ 在世间万物的秩序中，人类原本生而平等，这种平等只可能为后天的极端环境所打破。

◆ 但是，还有另一种更大的差别，甚至连自然和宗教原因都无法解释，那就是把人们分成了国王和臣民。

◆ 根据《圣经》年表记载，在世界产生的初期并没有国王，因而也没有战争，事实上正是由于国王的傲慢才让人民陷入战争的混乱。

《独立宣言》

**在**世间万物的秩序中,人类原本生而平等,这种平等只可能为后天的极端环境所打破。贫富之间的差别就可以拿来做有力的佐证,而且解释时不必用压迫和贪婪之类的严苛措辞。压迫是拥有财富的常见后果,但是极少甚至根本不是获取财富的手段;尽管贪婪可以让人免于贫穷,但却让人战战兢兢难以致富。

　　但是,还有另一种更大的差别,甚至连自然和宗教原因都无法解释,那就是把人们分成了**国王**和**臣民**。男人和女人的不同是自然造就的差别,人性善恶也是由上天注定。然而,一类人刚来到这个世界怎能就高人一等,并像新物种般与众不同,这当然值得质问,以便确定这些人到底是人类的幸福还是苦难。

根据《圣经》年表记载,在世界产生的初期并没有国王,因而也没有战争,事实上正是由于国王的傲慢才让人民陷入战争的混乱。回顾上个世纪的历史,荷兰没有国王,却在百年间享受了比其他欧洲君主政权国家更多的和平。古代历史昭示着同样的道理,最早的家族族长曾领略过平静的乡村生活中怡然自得的乐趣,然而这一切在犹太君主时代到来后消失殆尽。

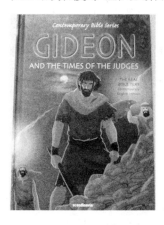

基甸,基督教《圣经》故事人物,以色列的法官和英雄。曾率领三百人打败十几万米甸敌军,使以色列人太平40年。

由国王统治的政府，是异教徒创造的政权形式，以色列人后裔沿袭了这个传统，这是魔鬼推广普及对国王的偶像般崇拜以来最有影响力的杰作。异教徒们把死去的国王们奉为神，表达神圣的崇敬，而基督世界则更进一步，现世君主们享受了同样的待遇。将神圣崇高的陛下这一称呼加诸一时耀武扬威却终归消逝为尘土的卑鄙之人，是多么不敬啊！

一个人高高凌驾于其他众人之上，既有悖于自然的平等权利，也不能用权威的《圣经》加以辩护。因为按照基甸和先知撒母耳传达的旨意，上帝并不赞同由国王掌控政府。在君主政权国家中，《圣经》中所

撒母耳，基督教《圣经》故事人物，希伯来领袖和先知。

有反君主的箴言都被完美地掩盖了，但它们毫无疑问值得那些尚未形成政府的国家加以注意。王室引用《圣经》中的教义作为证据，"恺撒的当归于恺撒"，但这不是支持君主政府的证明，只因当时犹太人并没有国王，他们依然隶属于罗马人。

自摩西记述创世起，到犹太人遭受蒙蔽要求立一位国王来统治为止，已过去了近三千年。国王诞生前，他们形成了共和制政体（除了在特殊情况下上帝介入外），由一位法官和部落里的长老们共同管辖。他们没有国王，并且认为除了上帝，任何人接受那个名号都是罪孽。如果有人认真反思人们对国王的盲目崇拜，他会毫不惊讶地发现，即使羡慕曾有的荣耀，造物主也不会认同这一政府形态，因为它毫无虔诚之意地侵害了上帝的特权。

《圣经》将君主制视为犹太人罪孽的一条，并预言他们将因此遭受诅咒。相关历史值得我们研究。

以色列人后裔长期遭受米甸人的压迫，基甸率领一小支部队与米甸人对抗，并在神的帮助下取得了胜利。犹太人因为胜利欢欣鼓舞，他们将成功归功于基甸的英明领导，提议基甸登上

基甸率领以色列人反抗米甸人。

国王的宝座，他们这样说道：请您、您的孩子、您的子孙后代统治我们吧。这是多么充满诱惑的邀请啊，因为这不仅是一世的统治，而是世袭的王座。然而虔诚的基甸发自内心地回答说：我不

会统治你们,我的子孙也不会,**唯有上帝才能统治你们**。这句话说得再清楚不过了,基甸不是在拒绝这项荣耀,而是否定了犹太人给予他这项荣耀的权力;这不是他刻意想出来的客套话,以便来恭维和感谢犹太人,而是以先知的姿态责备他们背离了自己真正的统治者——上帝。

但这一切过去一百三十年后,他们犯下了同样的错误。犹太人想要效仿异教徒对国王的偶像崇拜,这一渴望难以尽述。撒母耳的两个儿子负责处理世俗事务,他们抓住了这两人行为不端,吵吵嚷嚷地找到撒母耳,粗鲁地对他说,你老了,你的儿子们又不像你一样能干,现在请选择一个国王来统治我们吧,和其他国家一样。如此看来,我们不得不说他们动机不良,或者说,他们想变成其他国家那样,变成异教徒那样,尽管他们真正的光辉荣耀恰好存在于和他国不同的地方。然而，当他们说赐予我们一个统治我们的国王吧，这让撒母耳感到不满；撒母耳向上帝祷告倾诉。上帝告诉撒母耳，人民向你提出了请求，你只管依从吧，因为他们没有厌弃你，但是他们却厌弃了我，**所以我不应再统治他们了**。我带领他们走出埃及以来，从那时起到今天的种种，都显示他们放弃了我，转而信奉其他的神灵，所以他们现在所行的，符合他们的一贯作风。因此，你现在要聆听他们的声音，依从他们的请求，只是你还应当严肃地警告他们，告诉他们国王将会如何统治他的人民。就是说，不是一位特定的国王的行事特点，而是以色列人希望充分地效仿的，世界上所有国王的统治方式。尽管时过境迁，行为方式发生改变，但国王统治的性质依然没有改变。撒母耳将上帝的谕旨传达给请求他确立国王的人民。同时他说，未来的国王将会这样统治你们，国王将让你们的儿子成为车夫，成为马夫,或者奔走在车前(这些描述与现在强征服役的行为如出一辙)。国王会从他们中间任命千夫长和五十夫长,让他们在田间耕作、收割庄稼,让他们打造兵器、制造战车部件。国王还要让你们的女儿为他制作甜点,烹调食物(这些描述反映国王生活中的浪费与奢侈,以及对人民的压迫)。国王将占用你们最好的土地和橄榄园,将它们赐予他的仆人;你们的种子和葡萄园,他将十取其一,将它们赐予他的臣子和仆人(从这里,我们已经可以发现行贿、腐败和徇私这些国王的一贯恶行)。你们的男仆和女仆,众多健壮的少年劳力和你们的驴子,国王要十取其一;你们的羊群,他也要十取其一,你们必将成为他的仆人,终有一天你们会因为自己

古以色列国王大卫雕塑。

选择的国王而放声大哭、哀求上帝，**而那时上帝却不会回应你们的呼喊和哀求**。这也说明了君主制是如何存在和延续的。自古以来的有德君主寥寥无几，仅凭他们不但无法将国王这一称谓神圣化，更无法抹杀产生国王的罪恶根源。对大卫的高度颂扬不是因为他的国王身份，而因为他是一个符合了上帝心意的人。但是，老百姓拒绝听从撒母耳的教诲，他们说，尽管如此，但是我们需要迎来一个统治我们的国王，我们会像其他所有国家一样，我们的国王会统治我们，领导我们，为我们而战。撒母耳继续劝导他们，然而没有作用，他指责他们的忘恩负义，但是都没有收到成效。看着人民在愚昧的道路上越走越远，他大声呼喊，我会向上帝请求，而上帝会降下惊雷和大雨（这在麦子丰收的时节是巨大的惩罚），只有这样你们才会明白，在上帝面前**拥立国王**，你们罪孽深重。于是撒母耳向上帝呼喊，当天上帝就降下了惩罚的雷雨，所有的人都畏惧上帝和撒母耳。人民向撒母耳请求：祈求你向你的神主祷告，让我们免于死亡，**因为我们请求拥立国王，所以又多了一层罪孽**。《圣经》中的这部分记述直截了当，言之确凿，它们没有模棱两可的解释。上帝的确对君主制政府表达了抗议，否则这《圣经》必是伪造的。而且人民有充分的理由去相信，在天主教国家中，国王和牧师不遗余力地阻止公众了解真正的《圣经》。因为君主政体根本就是政治中的天主教会。

除了君主制的上述罪恶外，我们还要看到世袭制的弊害。正如前者是人类的自我堕落，后者作为一种声索的权利，则是人类对子孙后代的侮辱和欺骗。因为人人生而平等，没有人生来就可以将他的家庭凌驾于其他家庭之上，即使他个人理应得到一些比同时代的其他人更多的尊重，但是他的子孙或许绝对不配继承这份荣誉。最能够证明国王世袭权力荒谬性的自然依据，是上天否定了世袭制，否则她怎么会表里不一，给予人类笨驴而不是雄狮，让整个制度变得荒诞可笑呢？

其次，除非他人授予，否则没有任何人生来就能赢得社会公共荣誉，因此荣誉授予者们没有权力放弃他们子孙后代的权利。尽管他们可能会说"我们推选你为我们的王"，但是他们不该还说"你的子子孙孙将永远统治我们的子子孙孙"，因为这侵害了他们子孙后代的权利。这是不明智、不公正、违反常理的权力约定，（并且很可能）在下一个国王任期中，将后代子孙置于一个恶棍或者傻瓜的统治之下。大多数英明智慧的人从个人理智和情感出发，对世袭制度持轻蔑的态度；然而，君主制的这一弊害，一旦建立就难以废除，许多人由于恐惧而向世袭制投降，另一些人出于迷信而屈从，而那些更具有力量的群体则随同君主一起掠夺其余的人民。

我们普遍认为现今世界上的国王都有高贵的出身，然而实际情况可能是，如果我们可以褪去古老历史掩盖的外衣，追溯到他们发迹的源起，我们就会发现，他们的祖先不过是一群惹是生非的不法之徒的头子，靠着残暴的行径和阴险狡诈的手段，赢得了掠夺者头领的称号。由于力量增长，掠夺破坏的范围不断扩大，他吓倒了温顺且无力抵抗的人们，这些人被迫不停地贡献自己的财物来换取安全。然而，他的推选者并没有想到要将世袭作为一种权力赋予他的子孙们，因为这一被永远掠夺的权力和民众追求自由与不受约束的人生信条背道而驰。因此，在君主制早期，世袭制在理论上没有完全站住脚，只能作为偶然性的临时和补充办法实行。但是那个时代，很少甚至基本没有记载存在,历史传承中充满虚构的色彩,因此经历了几代之后,很容易适时捏造一些带有迷信色彩的神话故事,将世袭制宣传灌输给老百姓。或许,在老头领去世后选择新头领时,这种无序(恶棍们的选举不可能是有序的)会让许多人感到威胁和惊恐,于是这诱使许多人最初赞同世袭制;就像后来发生的一切那样,世袭制最初只是一时的应对之策,后来则被强行宣称为一种权利。

征服者威廉(1027—1087),英格兰第一位诺曼国王,本为法国诺曼底公爵。威廉借口其表兄英王爱德华生前曾许以王位,渡海侵入英国,自立为英王威廉一世(1066—1087)。

论君主制与世袭制

自从英国被征服以来,伟大的君主寥寥可数,但这个国家却见证了太多昏庸的国王,人民在暴君的统治下痛苦呻吟:但凡有理智的人,都不会说他在征服者威廉统治期间享受到光荣的权利。一个法国杂种带着一群全副武装的恶棍登上了英国的土地,他违逆当地人民的意愿而自立为英格兰国王,我们可以毫不客气地说,这个人一开始就十分卑鄙无耻。这其中当然也没有什么神威存在。然而,我们并不需要花太多的时间解释世袭权利的弊端与愚蠢,如果谁笨到相信这个,就让他们不辨是非地崇拜驴子和狮子吧,欢迎他们这么做。我既不会模仿他们的谦卑,也不会妨碍他们的信仰。

不过我倒是很乐意问一下:他们以为国王最初是怎样产生的?这不外乎以下三个答案:抽签、选举和篡夺。如果第一个国王是靠抽签产生的，这就为继任者的产生方式提供了先例，排除了世袭制。扫罗就是通过抽签获得了王位，他的继任者也不是世袭产生，而且从继位前后的经过来看，没有世袭制产生的迹象。

扫罗王，传说为以色列的第一个国王。

如果任何一个国家的第一任国王是由选举产生的，那也同样为继任者提供了先例；也就是说，如果第一批选民选出的不仅是一个国王，而是一个世袭的王族，那么他们后代子孙的权利就被剥夺，而且除了人类的自由都断送在亚当手中这一原罪之外，《圣经》中再也没有类似的例子了。通过这一仅有的比较，我们不难得出结论，世袭制无法获得任何荣耀。体现在亚当身上就是人人都有罪，而体现在第一批选民身上就是人人都无条件服从；前者表现的是所有人都屈服于撒旦，后者则是任由君权摆布；前者让我们丧失了原本的良知与纯洁，后者让我们丧失了权力。既然两者都不能帮助我们恢复从前的状态和特权，我们可以毫无疑问地做出判断：原罪和世袭制是何等相似啊。这是多么丢脸的并列，这是多么难以启齿的联系啊！然而，最敏锐的辩论家也无法想出比这更恰当的比喻了。

至于篡位，还没有人会大胆到为这一行为辩护。征服者威廉就是一个篡位者，这一事实不容置疑。明摆着的事实是，英国君主制的起源经不起调查深究。

但是，世袭制对人类的影响，除了荒诞可笑之外，更严重的是它带来的罪恶。如果它可以造就一群优秀而英明的人，那么或许还能够得到神权的允许而存在，但是如果它只能为愚蠢、邪恶、粗俗之人敞开大门，那它必然流淌着压迫的血液。那些自视生来高人一等的人，将他人当作仆从，很快就变得傲慢自大，横行霸道。由于他们是从众人之中挑选出来的，因而很快就被妄自尊大所毒害。他们的生活圈子和整个世界完全不同，他们无法了解世界和民众的真正利益所在，而最后他们成功地继承统治后，对国家一无所知，毫无头绪，根本不配领导整个国家。

世袭制的另一项弊害是，任何年纪的未成年君主都可以继承王位。在国王成年前的这段时间内，有权臣摄政，他们以国王作掩护，不惜动用一切机会背叛人民的信任。当国王倍受年老或疾病折磨，步入人生最脆弱的最后阶段，国家也会面临同样的灾难。在以上两种情况下，公众变成了每一个道德败坏之人的牺牲品，他们玩弄年事已高或是懵懂无知的君主，做尽蠢事。

赞成世袭制应当合理存在的人，提出的看似最可信的辩解是，它保护国家免于内战。如果这种论断是正确的，那将无疑给世袭君主制加重了砝码。然而，这事实上却是强加给人类最无理可循的欺骗。英国的整个历史都否认了这一假定的事实。自从诺曼征服以来，英国历经了三十位成年国王和两位未成年君主的统治，其间至少发生了八次内战和十九次叛乱（这个数字包括英国资产阶级革命）。因此，与其说是为谋求和平，还不如说世袭君主制站在了和平的对立面上，并且它打破了自己存在的合理性基础。

约克家族和兰开斯特家族关于君主权和世袭权的争夺，给英国带来了多年血的教训。亨利和爱德华之间展开了十二场激战，这还不算一些小规模的战斗和进攻，亨利两度沦为爱德华的阶下囚，爱德华也被亨利俘虏过。在个人问题成为争斗产生的根源时，战争的进程和国民情绪都难以预估，后来亨利获得了胜利，从阶下囚一跃返回王宫，而爱德华则必须从王室流亡到国外。然而，由于突然的情绪转折很难维持长久，亨利最终还是被赶下了王座，爱德华被召回继任。议会在其中一直扮演着最强者的追随者。

**玫瑰战争**

约克家族和兰开斯特家族从15世纪后半叶开始争夺英国王位，因为双方的家徽上均有一朵玫瑰花，约克家族为白玫瑰，兰开斯特家族为红玫瑰，因此王位争夺战也被称为玫瑰战争，时间为1455—1485/1487年（结束时间存异）。

这场斗争从亨利六世执政时开始，直到亨利七世（他促成了两个家族的合并）时都没有完全停止。这段时间共持续了六十七年，即从1422年到1489年。

简而言之，君主制和世袭制让整个世界（而不仅仅是某个王国）都充斥着鲜血和残垣废墟，这种连上帝都反对的政体形式，免不了残酷的流血牺牲。

**亨利七世**

1486年，兰开斯特家族的亨利七世（1457—1509）同爱德华四世之女约克的伊丽莎白结婚，宣布约克和兰开斯特两大家族合并，结束了玫瑰战争，开启都铎王朝。

如果我们探究一下国王的日常事务，我们会发现有些国家的国王根本没有做什么事；他们终日无所事事，自己也了无乐趣，更没有给国家带来任何好处，碌碌无为结束一生，继任者同样闲散无为，虚度光阴。在君主专制国家，国王承担了日常行政和军事的全部重担；以色列人的后代渴望国王的到来时，他们焦急地恳求"请他统治我们，领导我们，为我们而战"。但是在像英国这样的国家里，君主既不是法官也不是将军，人们委实对君主的责任和工作困惑不已。

一旦政体趋向共和制，国王的权力和所做的工作就少了，越接近共和制就越少。给英国政体起一个合适的名字似乎有些困难。威廉·梅雷迪思爵士（Sir William Meredith）将其称为共和国，但是，它现在的形式似乎还配不上这个名字。因为国王有权任命地方官员管理地方事务，导致贪腐势力扩张，难免不会吞噬共和政体中的权力，还将蚕食下议院的能力（特指政体中的共和性质），如此一来，英国的共和政体就与法国和西班牙的君主政体别无二致了。人们在没有理解其真正内涵时，不会轻易地表示赞同。让英国人民感受到荣耀与自豪的，不是君主制，而是英国政体中的共和制，是他们可以自由选举下议院的权力——此外，我们很容易看出，一旦共和政体失败，奴隶制接踵而来。英国政体之所以会如此病态，是因为君主制荼毒了共和，国王已然控制了下议院。

在英国，国王能做的不外乎经常发动战争并且割让土地，坦白地说，他们使得国家陷入贫瘠，屡造纷争。如此行事之人却每年拥有八十万镑的收入，还受世人尊敬，真是一桩好买卖！在上帝眼中，对于社会而言，一个诚实的普通人都要比这群头顶王冠的歹徒更具有价值。

# 对当前北美形势的看法

## 经典名句

- 所有正确合理的一切都在恳请与英国的分离,被屠杀者的鲜血在咆哮,上天哭泣着呐喊,是脱离英国的时候了。
- 我们将为宪章加冕,让全世界知道即使我们承认君主制的存在,但是在北美,法律就是国王。
- 啊,你们这些爱人类的人啊!不畏惧反抗暴政和暴君的人们,请你们站到前面来!旧世界的每一寸土地都在遭受压迫,全世界都在驱逐自由。亚洲、非洲在驱逐她,欧洲像一个陌生人那样看待她,英国警告她离开。啊!让我们接纳这个流亡者,准备好及时为人类提供庇护吧。

英军行军的情形。

接下来，我只想谈一些简单的事实、朴实的道理和常识。我不需要读者做太多的准备，只是希望他摆脱偏见和先入为主的想法，用理智和情感做出判断，希望他坚守人性中的真诚，不为时代约束，拥有广阔的视野。

关于英国和美国之间的争斗，已有大量作品出版，各个阶层的人们怀揣着各异的动机和目标，都参与到争论中来。但是这些大都徒劳无功，论争的

佩勒姆（Pelham，1694—1754），英国辉格党政治家，于1743年出任首相。

时代也已经过去。作为最后的手段，军事决定了争论的走向。诉诸武力是英国国王的选择，而北美大陆已然接受了挑战。

据说，已故的佩勒姆先生（尽管他是一位能干的首相，却并非无可挑剔）曾在下议院遭受攻击，因为他的措施被质疑只能应付一时之需，对此他回答说："它们在我的时代总可以持续下去。"如果在当前的斗争中，整个殖民地地区持这样怯懦的想法，那么后世子孙必然以憎恶的心情回忆他们的祖先。

天底下没有比这更伟大的事业了，这不是一个城市、一个州、一个省或者一个国家的事务，而是整个大陆的事务——涵盖了至少地球上八分之一人口的居住地啊。这不是一天、一年或者一个时代的事情，后世子孙事实上都被卷进了这场斗争，或多或少地受到永久的影响，一直持续到最后。现在是播种大陆联合、信念和荣誉的时刻了，现在的一个小断裂就像是用针尖在小橡树的嫩皮上刻字一样，随着树木的成长，伤痕越来越大，后世子孙看到时，已是完整醒目的大字。

由于问题已从争论发展到武力解决，一个政治的新时代开始了，一种新的思考方式应运而生。4月19日战争爆发之前，人们制订的所有计划、提议早已成为历史；尽管当时是正确的，现在看来都毫无用途，唯有束之高阁。不管双方提案者当时到底如何各执一词，现在终于达成了一致，即与大不列颠的联合。双方的分歧仅在于实现的方式，一方提议使用武力，而另一方则主张实行友好，但是从目前的情况来看，第一种方式已然失败，第二种也不再产生影响。

尽管已经论述了很多关于和解的益处，但它就像个黄粱美梦一般已经完全破灭，没有带来任何改变。我们应当从这一论调的对立面来检验，只要新大陆还和大不列颠联系紧密，只要她还从属于英国，殖民地现在和将来都要遭受切实的伤痛，这些痛苦永远不会消失。我们要借助自然规律和常识，来检验这种联系和从属关系的影响，从而看清楚，如果分离我们将依靠什么生存，而如果继续臣服于英国我们又能得到什么。

我听过有些人宣称，北美大陆以前的繁荣依赖于她和大不列颠的密切联系，因而这一联系在北美未来的幸福生活中依然不可或缺，它将产生同样的效果。没有什么能比这种论调更不可理喻了。如果上述言论成立，我们是不是可以说，因为一个孩子是喝奶长大的，那么他以后的人生中就永远不该吃肉了；或者说，我们人生的第一个二十年就是以后每个二十年的写照，不需要再变化了。即使下面的说法有些言过其实，我还是能够断言，如果不曾有任何欧洲力量加以干预，北美大陆照样可以繁荣，甚至可能更加繁荣。她赖以致富的商业属于生活必需品一类，只要欧洲还保持着饮食的习惯，北美就不会失去她的市场。

但是也有些人说，英国保护过我们。确实，她将我们完全置于自己的统治之下，我们也要承认，她用我们的和她自己的支出保护过北美大陆；但是，出于维护贸易和统治的同样动机，她也会保护土耳其。

唉，我们被历史的偏见拽着走了太远，为蒙昧迷信牺牲了太多，我们因为受到英国的保护而自我夸耀，却忽视了她的动机是利益而不是情谊。她没有从我们的立场出发，保护我们免受我们的敌人的侵犯,而是从她的立场出发防范她的敌人,防御那些从任何角度看都不会和我们发生任何争端,却因为我们和英国一致的立场而永远为敌的敌人。要么让英国放弃她对这片大陆的自负主张,要么北美大陆就必须摆脱这种从属地位;如此一来,如果英国和法国、西班牙发生战争,我们就可以保持与这些国家的和平。上次汉诺威王朝的战争悲剧,就应当为我们和英国的关系敲响警钟。

最近,国会中有一种论调,称各个殖民地之间除了与母国的关系外,彼此之间不存在联系,也就是说,宾夕法尼亚和新泽西及其他殖民地,都是在英国治下产生的姊妹殖民地,这显然是绕着圈子来证明殖民地彼此之间的关系。但是,这也是树敌的最直接和唯一正确的方式,如果我可以这样直截了当地说的话。法国和西班牙以前不是，或许今后也永远不会是我们北美人的敌人，但因我们的英国附属国身份，却不得不与他们为敌。

还有人说，不列颠是我们的母国啊。那么，我们就更应该对她的行为感到羞耻。虎毒尚不食子，野蛮人都不会对自己的家族开战，因此，上面的观点如果是正确的，也只能是对英国的谴责。然而上述论调恰巧不是正确的，至少只有部分是正确的，英王和他那一伙人狡猾地借用了"宗主国"和"母国"的概念，利用人类轻信的弱点，向我们施加天主教的影响。欧洲才是北美的母国，而非英国。新世界为在欧洲的每一个地方受到迫害的公民权利和宗教自由的支持者提供庇护和收容。他们逃到这里，不是为了逃避母亲温暖的怀抱，而是逃避怪兽的残忍虐待。而英国直到今天，仍然在施行那种曾经驱逐了第一批流亡者的暴政，移民的后代依然遭受着同样的痛苦。

在这块地球上广阔的地区上，我们忘掉了三百六十英里狭窄的限制（英国的地域），在更广阔的地域上发展友谊，让我们寻找豁达慷慨的情感中的真谛，和每一个欧洲基督徒结为兄弟。

我们兴奋地发现，随着我们开始拥有世界视野，便逐渐克服了地方偏见。出生在英国的每一个公民都被划归给某一个教区，他自然而然就和本教区的居民有更多的联系（因为他们拥有大部分共同利益），并用街道的名字彼此区分；如果他在距家乡几英里外的地方遇到一个街坊，他会放弃只是同住一条街的狭隘想法，并称呼他为同乡。如果他在郡县外遇到同样的情况，他会放弃他们只是住在一条街或者一个城市的狭隘视野，称呼他为同郡人，或者是同县人。但如果他们在国外的旅行中相遇，在法国或者欧洲其他任何国家遇见，他们会记得把称呼扩大为英国人。以此类推，所有在北美或是世界其他任何地方相遇的欧洲人，都是同郡人，因为英国、荷兰、德国和瑞典这些国家和整个世界比起来，都是差不多可以被划分为街道、乡镇、郡县的小范围地域。这样看来，如此划分太过狭隘，限制了北美大陆的思想发展。即使是在本省（*指宾夕法尼亚。——译者*）内，英国后裔也不到三分之一，因此，我谴责把宗主国或者母国的概念仅仅用来称呼英国，这是错误的、自私的、狭隘的和没有气度的措辞。

然而，即使承认我们都是英国人的后裔，又有什么意义呢？答案是，没有任何意义。不列颠现在是公开的敌人，这一身份排除了其他任何名义和头衔；说和解是我们的责任，那纯粹就是一个笑话。英国现今王朝的第一位国王（征服者威廉）本是一个法国人，目前的英国贵族有一半是法国后裔，因此，如果以此来推论，那么英国就应该交由法国来统治。

关于英国和殖民地联合一致的话题，人们已经谈论得够多了，说什么联合起来就能征服世界。但这不过是毫无根据的假设；战争的命运难以捉摸，这种说法更是没有任何意义。因为这片大陆绝不会愿意从本地居民中征兵，去支援英国在亚洲、非洲和欧洲的军队。

此外，与世界各国抗争和我们有什么关系？我们的计划是先发展商业贸易，如果顺利，这将为我们赢得和欧洲所有国家之间的和平与友好，因为欧洲有意将美国建设成一个自由贸易港，这是他们的利益所在。贸易往来是我们的天然屏障，同时美国的贵金属金银资源匮乏，可以确保不受外敌垂涎和侵略。

我还要求那些和解的热心提议者，站出来说明与英国联合给北美大陆带来的好处，任何一点都可以。之所以要重申这个要求，是因为我们得不到任何好处。我们的谷物在欧洲的任何市场上都可以卖到好价钱，而如果有意进口任意地方的商品，我们都必须出钱购买。

然而，和英国的联合却给我们带来了数不尽的伤痛和损失，我们对全人类和自己都负有责任，它要求我们终止这一联系。因为任何对大不列颠的服从和依赖，都会把北美大陆直接卷进欧洲战争，迫使我们和许多国家对立。这些国家本来可以成为我们的朋友，我们却不得不与他们对抗，尽管彼此之间没有任何愤怒和过节。欧洲是我们的贸易市场，我们应该不偏不倚地和每一个国家交往。不介入欧洲事务符合北美的真正利益，但只要她还从属于英国，她就是英国政治天平上一颗无足轻重的砝码，我们的真正利益就永远不可能实现。

欧洲王国众多，难以保持长久的和平，一旦英国与其他国家爆发战争，北美贸易就会因为和英国的关系而毁于一旦。下一场战争的结果或许不会像上一次那样，如果情况真的如此，那么现在鼓吹和解的人到时应该更希望和英国分离了，因为中立远比参战更能保卫国家的安全。所有正确合理的一切都在恳请与英国的分离，被屠杀者的鲜血在咆哮，上天哭泣着呐喊，**是脱离英国的时候了**。即使地理上，上帝也把北美放在了远离英国的地方，这自然而有力地证明了，让英国统治北美并不是上帝的初衷。发现美洲大陆的时间同样证明了这一点,移民的到来更增强了这一论证的说服力。宗教改革发生在北美发现之后,这仿佛是上帝的仁慈,在原本的家园已经不能为他们提供友谊和安全的未来,上帝为将要受难的人们开辟了一个避难所。

大不列颠对这片大陆的统治,是必将走向终结的政权形式:任何认真思考的人都看不到这条道路未来的光明,他痛苦而坚定地明白,所谓的"现有政体"不过是一时的存在。作为前辈,我们没有丝毫的愉悦,因为我们知道这种政权无法有效持续运转,也无法确保给后世子孙留下任何有益的东西:简单地说,我们只给后代留下了累累负债,所以我们必须完成自己的使命,否则我们对后代的态度就过于卑鄙和可怜了。为了准确地了解责任所在,我们要照顾我们的孩子,多付出几年，多尽一些职责。当我们消除了现有的恐惧和偏见，将思想视野上升到新的高度，我们将看到不一样的形势与前景。

尽管我努力避免不必要的冒犯，可我还是倾向于认为，拥护和解的人大约可以归为以下几类：不甚可靠的有私心之人、不能辨别是非的愚蠢之人、不愿辨明现状的有偏见之人以及一些高估欧洲所能的中庸之人。最后提到的一类人，他们虽然经过深思熟虑，却仍做出了错误的判断，因而给北美大陆带来的灾难要比前三类人多得多。

许多人运气好，生活在远离不幸的地方，祸害没有完全降临到他们头上，他们也没有感到北美的所有财产已经岌岌可危。但是，让思绪带领我们去往波士顿看看，那个不幸的城市教给我们睿智，教导我们永远断绝和这个不可信任的政权的联系。几个月以前，那个不幸城市里的居民还生活得安逸富足，现在的他们却别无选择，要么待在那里挨饿，要么出门乞讨。如果他们继续居住在那里，就要面临他们的朋友用炮火带来的危险，如果他们选择离开，就将忍受军队对家园的掠夺。如今的他们，就是没有希望的囚徒，如果有一方发动攻击实施救援，他们又将被暴露在双方军队的炮火之下。

### 波士顿倾茶事件

1773年12月16日晚上，在塞缪尔·亚当斯和约翰·汉考克的领导下，60名波士顿居民将东印度公司价值约1.5万英镑的342箱茶叶全部倒入大海,来对抗英国国会,这就是著名的"波士顿倾茶事件"。事件发生后,英国政府认为这是对殖民当局正常统治的恶意挑衅,为压制殖民地民众的反抗,1774年3月英国议会通过了惩罚性的法令,即《波士顿港口法》《马萨诸塞政府法》《司法法》和《驻营法》,这四项"强制法令"激起了人民的联合反抗。

有些被动迟钝的人多少忽视了英国对我们的侵犯,他们还在乐观地期待奇迹的发生,呼喊着:"来吧,尽管如此,我们还是可以继续做朋友。"然而,请反复思量和考察人类的情感和感受,用自然的标准衡量和审视和解的主张,然后告诉我:你们以后是否能够怀着爱、尊敬和忠诚的态度服务于这个用炮火侵袭了你们土地的政权和国家?如果你做不到,那你只不过是在欺骗自己,并且因为你们的迟疑带来后世子孙的毁灭。你们既不爱也不尊敬英国,那么你们和英国的未来联合必然是被迫且不自然的,只是为应付眼前之需的权宜之计，一切很快就会变得比当初还要不幸。但是，如果你们说你们可以对过去的暴力既往不咎，那么我要请问：你们的家园被大火烧毁了吗？你亲眼看见你的财产毁于一旦了吗？你的妻子和孩子是不是无家可归、无饭可吃？你是不是眼睁睁看着父母孩子惨遭敌手，而且你们自己也伤痕累累、死里逃生？如果你没有经历过，那么你就没有资格来评判经历过这些遭遇和痛苦的人。而如果你也经历过，但你仍然可以与这些杀人犯握手言欢，那么你就不配称为丈夫、父亲、朋友、爱人，而且不管你身居何位、拥有多么显赫的头衔，你都只是一个懦夫、一个马屁精。

这些都不是为了激化问题或者夸大其词，而是试图唤回那些被上天赋予了正当性的感觉和情感，没有这些，我们不过是连社会责任都不能承担的人，更不能享受快乐和幸福。我无意用可怕的事实来激起复仇的情绪，而是希望我们能从致命而残忍的沉睡中苏醒，坚决地追寻那些确定的目标。如果北美人民不是因为自己的延误和胆怯而失去了自己的统治地位，英国和欧洲根本无法征服他们。如果合理利用，这个冬天能够抵得上一个时代的努力，但如果失去或者无视这个机会，那整个大陆都会陷入不幸之中。如果有人白白浪费掉如此难能可贵的时机，无论他是谁，身居何位，地处何方，任何惩罚都罪有应得。

约翰·弥尔顿（John Milton，1608—1674），英国诗人、政治家、民主斗士，著有《失乐园》《力士参孙》等。

认为这片大陆将长久屈从于外部力量的论断是违背理性的，这不仅违背了世间万物的普遍秩序，还违背了历代的先例。即使是英国最乐观的人也不会这样认为。在这个时候，人类即使竭尽智慧之所能，也无法想出办法在不分离的基础上来保证北美一年的安全。和解在如今和过去都是靠不住的梦想。上天已经放弃了这种联系，人力又不能有所帮助。就像弥尔顿明智地写道："在伤痕累累、恨意彻骨的地方，永远不会有真正的和解。"

所有争取和平的温和办法都已然失效。我们的恳求被他们蔑视着拒绝，这让我们明白，反复地请愿只能鼓励国王的傲慢自负，证明他们的顽固，而且没有什么比这些更能够助长欧洲的王权专制，看看丹麦和瑞典的例子就知道了。因此，只有真正的反抗才有效果，看在上帝的份上，让我们和英国彻底地分离吧，不要把我们禁锢在母国和子国这一毫无意义的暴力名分之下，不要让我们的后代承受被毁灭的命运。

THE STAMP ACT DENOUNCED.

英国政府1765年颁布的对北美殖民地人民征收直接税的法令，规定殖民地的法定文件、商业凭证等都需要加贴印花税票，在殖民地增添四十多种交易税，维持英国军费支出，1766年被迫废除。

还有人说他们不会再这样做了，但这只是没有意义的空想，我们在撤销《印花税法案》时也曾这样想过，而这一两年的经验告诉我们，这只是天真的美梦，就像我们以为那些曾被打败的国家永远不会再寻衅滋事了一样。

至于统治的问题，英国政府是不会以公平正义的方式统治北美大陆的：北美事务很快就会变得纷繁复杂，这不是一个远离我们、对我们一无所知的国家利用权宜之计就可以进行管理的。如果他们不能征服我们,他们就不能统治我们。我们要奔波三四千英里,只为送去一份陈述或者请愿,再花上四五个月等待批复结果,之后可能还要等五六个月来加以解释,用不了几年,我们就能认识到这个过程如此愚蠢与幼稚。即使在过去这曾经是合理的,然而它终将在一个合适的时间退出历史舞台。

面积狭小的岛屿无法保卫自己的安全,它们便成了一些王国纳入自己保护范围的目标,但是我们面对现实却是如此荒谬,请各位试想:难道一片广阔的大陆能够永远处在一个岛国的统治之下吗?宇宙中从不会有卫星的大小超过行星本身的情况,英国和北美之间的关系完全是自然规律的颠倒。显然,它们归属于不同的体系:英国是欧洲的一部分,而北美则属于她自

腓特烈·诺思（Frederick North, 1732—1792），曾任乔治三世时期的英国财政大臣（1767—1782）、英国首相（1770—1782），任期内专注于应对北美殖民地独立事务。1782年英军在约克镇大败于北美独立革命军后，诺思辞职，成为英国史上第一位因为不信任动议而辞职的首相。

己。我并非出于骄傲、党派利益或者是某种憎恶才拥护北美大陆从英国分离并独立，我在良知上清楚而坚定地认为，这样做符合北美的真正利益。如果没有真正利益作为基础，这就是大杂烩一般胡乱地拼凑，无法获得永远的快乐和幸福——这是把痛苦和不幸留给了后世，我们在多努力一步、多前进一点就能把这片大陆变成世界荣耀的时刻，退缩了。

鉴于英国丝毫没有展现妥协的迹象，我们应当明确，没有任何条件能够值得北美大陆妥协，没有任何方式可以弥补我们已经付出的鲜血和财产损失。

我们斗争的目标应该和付出的代价成适当的比例，诺思的倒台，或者整个令人厌恶的党派的

**邦克山战役**

1775年6月17日，发生在波士顿附近制高点的邦克山战役，是美国独立战争史上的一个重要战役。

解散，都抵不上我们所付出的巨大代价。如果我们反对的所有法案能够被废除，那么暂停贸易带来的损失足以抵消掉这些法案的废除。但是，如果这片大陆必须进行武力斗争，每个人都必须从军，那么用这样的代价只去对付一个卑鄙的政府

**列克星敦的枪声**

1775年4月19日凌晨，英军和北美民兵在列克星敦发生激战，英军损失惨重，被迫退回波士顿。列克星敦的枪声，揭开了北美独立战争的序幕。

似乎有些得不偿失。如果我们只是为了实现法令的废除而如此全力抗争，这样的代价太大了；按照公正合理的估计，如果用与争夺土地同样的方式来废除法令，再次付出像邦克山那样的代价，真的是太愚蠢了。我一直认为，这片大陆的独立迟早会到来，根据北美大陆向成熟阶段发展的道路上取得的长足进步，独立的那一天早已不是遥不可及。因此，在战争爆发之时，我们没有必要坚持去争执这一问题，因为时间会加以补救；这就好像是向法院控诉一个租赁期刚满的佃农，要求制止他的非法侵入，并让他在诉讼案中倾家荡产。在 1775 年 4 月 19 日这个不幸的日子之前，没有人比我更愿意和解，然而一听到那天发生的一切，我就永远否定了那个冷酷而麻木不仁的英国式暴君，我蔑视那个卑鄙之人。因为他虽然被称为**人民之父**，却漠然冷酷地对待人民遭到的屠杀，他的灵魂沾满了人民的鲜血却仍能安然入眠。

但是，如果以为这些问题已经得到和解，那会导致怎样的结果呢？我的答案是，整个北美大陆将遭到毁灭。理由如下。

首先，北美大陆的统治权仍然在英国国王手中，他会对大陆的各项立法持消极否定的态度。他已经将自己定位成自由的顽固敌人，发现了自己对专制王权的强烈渴望。那么，他是不是会和殖民地人民说"除非我同意，否则你们无权制定任何法律"？而且，现在美国是不是还有哪个居民如此无知，不知道根据现有政体，除非英国国王授权，否则这片大陆无权制定任何法令？是不是还有谁如此愚蠢，竟然没有看到，除了迎合英王意图的法律，他不允许本土制定任何法令（根据已经发生的情况判断）？北美无法制定法律，或者屈从于英国为我们制定的法令，都会让我们陷入奴役状态。在问题已经解决（有些人这样说）之后，英国国王的所有权力就是用来迫使这片大陆保持最大限度的卑微和谦恭，对于这一事实难道还存在疑虑吗？我们如果没能前进，就只能后退，要么进行无休止的争吵，要么继续荒诞可笑的请愿。我们已经成长为超过英国国王期望的强大势力，难道他不会想方设法削弱我们吗？总结以上问题，这个妒忌我们繁荣的王权，真的适合统治我们吗？任何对这一问题持**否定**答案的人都是独立者，因为独立的意义就在于明确是我们制定我们自己的法律，而不是让这片大陆最大的敌人——英国国王来吩咐我们："除非我同意，否则你们无权制定任何法律。"

你可能会说英国国王即使在英国也拥有否决权，英国人民不经他同意也无法制定法令。从公正和正确的秩序角度看（这经常发生），如果一个21岁的年轻人居然可以对不计其数的比他年长且更有智慧的人说："我禁止你们的决议成为法令"，这该是多么荒谬可笑啊。但在这里，尽管我不会停止揭露其中的荒唐色彩，但是我不愿意做出如此评价。我只能说，英国是英王的居住地，是他行使权力的地方，而北美不是，这两种情况完全不同。国王在这里的否决权将产生十倍于在英国的危害。在那里，他不会拒绝为英国提高国防能力的提案；而在北美的话，他一定不会批准通过。

北美在不列颠政治体系中居于次要的地位，只有在符合她自身的目标时，英国才会考虑北美的利益，因此，在一些她无法获利的事务上，英国自身的利益驱使她压制我们利益的增长，至少在一定程度上干预阻挠。想想所有发生的一切，在这样一个间接政府的统治下，我们将面对的情况已经够好的啦！人们不会因为改变个名字就真正化敌为友，为了说明现在和解是一个危险的主张，我可以确定地说，为巩固国王在各地的统治，他必然要以废除法令作为权宜之计，目的在于，**在长时期内利用阴谋诡计，来完成在短期内武力和暴力无法实现的目标**。和解和毁灭只有一墙之隔。

其次，我们现在能期望得到的最好条件也不过是一时的妥协，或是建立一个被监管的政府，只怕这个政府还撑不到殖民地独立的法定时间，所以，过渡时期总的局面和形势显得既不稳定又前途未卜。如果一个国家政体不稳定，还时常发生骚动和暴乱，有产移民绝不会愿意选择这样的国家。而现有居民中的许多人或许会抓住这个时期，处理他们的产业，离开这片大陆。

但是，所有论证中最强有力的部分是，独立，或者说建立联合殖民地政权，是唯一能保卫大陆安全，并使它免受内战伤害的方法。我担心的是，一旦与不列颠和解，暴乱会不停地发生，其后果比不列颠所有的恶意预谋都要致命。

英国已经摧毁了成千上万人民的生活（或许还将有更多人遭受这样的命运），那些人和我们这些没有遭受痛苦的人拥有不同的感受。他们现在仅有的就是自由，他们在争取自由的过程中牺牲了曾经享有的全部，已然没有什么好失去的了，因此他们蔑视投降主义。此外，殖民地对于英国政府的大致态度就像是一个即将步入成年的年轻人，对她不再有任何顾虑。更何况一个不能维持和平的政府，根本就称不上是个政府，我们为之所纳的税更是全无作用。英国在北美的力量只能像是写在纸上，万一和解后的第二天发生暴乱,英国到底能够有什么作为?我听到一些说话不经思考的人说,他们对独立感到恐惧,害怕独立会导致内战。通常我们最初的思考都不是完全正确的,这里也不例外。因为重拾和英国的联系比独立要可怕十倍以上。我站在受苦受难的人民的立场上申明,如果我和他们一样流离失所,财产流失,家园被毁,作为一个还能够感知痛苦的人,我永远不会与英国和解,也不认为自己应当赞同这个途径。

北美殖民地展现了良好的秩序和对大陆政府的服从,这就足以让每一个理性的人对领导机制表示乐观和满意。如果还有幼稚而荒谬的观点认为,某个殖民地会竭尽全力取得比其他殖民地更高的地位,这才是在为他的恐惧找借口。

没有分别就没有孰优孰劣,完全的平等也不

会带来诱惑。欧洲的共和国现在都处于和平状态（甚至可以说历来都是），荷兰和瑞士保持了国内外全面和平。的确，君主制政体不会长期处于和平状态，王位本身就是对国内野心勃勃的暴徒的巨大诱惑，国王权力中包含的傲慢与专横会不断上升膨胀，更容易导致与其他国家关系的破裂；而同样情况下，在更为自然的法则基础上建立的共和政体，比较容易克服这一问题。

如果真的有理由对独立感到恐惧，那也是因为还没有制订出确定的独立计划。人们没有看到出路——因此，对于如何开始制订计划，我可以提供一些参考意见，同时我还要指明，我没有任何自夸的意思，但这些建议会成为让形势向更有利方向发展的手段。如果能够把那些散落在个人思想中的观点收集起来，它们往往就能形成系统的素材，供英明能干的人采纳形成有用的方案。

各殖民地的议会应该每年举行,并推举一位主席。代表选举要更公平,他们的任务涵盖整个国内事务,同时向大陆会议报告,服从其管理。

**大陆会议**

1774—1789年间英属北美十三个殖民地的代表会议,独立战争期间的立法机构。

将每个殖民地分成六个、八个或者十个适当大小的选区,每个选区选出适当数量的代表参加大陆会议,这样一来每个殖民地至少要选派三十位代表。大陆会议代表总人数将达到三百九十人以上，每一次大陆会议都应举行代表大会，并且选举产生一位主席，具体方法如下。当代表们齐聚时，从十三个殖民地中抽签确定一个殖民地，然后大陆会议（通过投票的方式）从该殖民地代表中选举产生主席。第二届大陆会议召开时，从剩下的十二个殖民地中抽签产生一个殖民地，上任主席来自的殖民地不再在候选之列，以此类推，直到十三个殖民地都产生过主席为止。为了保证通过法律的公正性，不少于五分之三的选票才能被认定为多数。——在以这样公正、平等的方式组建的政权中，谁要是还想制造事端，就真的是与魔鬼为伍了。

然而，这个计划由谁最先发起，并以何种方式完成，都是伤脑筋的话题。其中合理而一致的观点是，应该由被统治的一方和统治者之间的中间力量完成，即借助大陆会议和普通民众之间团体组织的力量，因此，我们可以按照下列方式召开一个**殖民地联合大会**，实现下面的目标。

大会委员会将由大陆会议推举的二十六名成员组成，即每个殖民地两名。每个州的议会下院或制宪会议产生这两名代表。每州全体人民中产生五名代表，让尽量多的拥有选举资格的选民，从首府或中心城镇选出这五名代表，他们代表整个州的利益。或者用更便捷的方式，即代表们从两三个人口最多的地方选出。在这个议会中，要将实现独立的两大基本要素——知识和力量结合起来。大陆会议、各州议会或制宪会议的议员，在处理国家问题上积累了相当的经验，他们将成为满腹才干的有志之士，而对整个会议而言，它得到人民赋予的权力，将成为真正合法的权威。

当代表们参与会议时，他们应当草拟一份**《大陆宪章》**，或者《联合殖民地宪章》（作为对英国《大宪章》的回应）。确定大陆会议和州议会议员的具体人数和代表产生办法，以及会议召开的日期，并划清行政和司法权之间的界限（我们还必须牢记，我们的力量来自整个大陆，而不是某一个州）。以根本的良知确保每个人的自由和财产安全、最基本的宗教信仰自由，以及宪章规定的其他所有条例。随即，上述会议解散，依据《大陆宪章》选出的成员担任临时的立法者和统治者：愿上帝保佑他们平安与幸福，阿门。

如果日后还要为了同样或者类似的目的委任一些人，我为他们摘录了先哲德拉戈内蒂（Dragonetti）谈及政府作用时的建议，"政治家的科学，"他说，"在于长期致力于寻找幸福和自由的真谛。那些发现了如何用最少的国家代价换来最大的个人幸福的政体的人,值得世世代代人们的尊敬和感激。"——德拉戈内蒂:《论德行与报酬》。

然而有人又问:北美的国王呢?朋友,我要告诉你,他在最高的天上统治我们,他不会像英王一般给人民带来浩劫。有一天我们将庄严地宣布《大陆宪章》,它以神圣的法律和《圣经》为依据,即使从世俗的德行角度上看,我们也无可挑剔。我们将为宪章加冕,让全世界知道即使我们承认君主制的存在,但是在北美,**法律就是国王**。在君主专制政体中,国王就是法律;在自由国家中,法律才应该是国王,没有其他的可能。但是为了防止权力的滥用,不妨在宪章宣布的典礼结束后废除国王这一名号,将权力分给有权拥有它的人民。

托马斯·阿涅洛（Thomas Aniello），又名马萨涅洛，曾是那不勒斯的渔民，他利用公共市场煽动同胞，反抗当时占领当地的西班牙人的压迫，鼓动人民叛乱起义，并最终在一天之内成为国王。

拥有自己的政府是上天赋予我们的权力，如果有人能够认真意识到人类事务的不稳定，他就会坚信，当我们有能力改变自己的国家时，在冷静与深思熟虑中建立起来的政权形式显得更为明智和安全，而不能完全依赖于时间和机遇。如果我们现在忽略它，下一个马萨涅洛将借机崛起，他抓住大众不安的情绪，集结起绝望的不法之徒和愤世嫉俗之人，攫取政府权力，像洪水一般把自由从北美大陆冲走。一旦北美政权真的要重回不列颠手中，大陆风雨飘摇，摇摇欲坠，这种情况难免会诱惑极度绝望的投机者一试运气。如此一来，英国能给我们什么帮助？在她得知消息前，大陆事务早已尘埃落定，我们也要承受当年英国人被诺曼人征服同样的痛苦。现在反对独立的人，你们根本不知道自己在做什么；你们空置政权的席位，给外部暴政打开了国家大门。成千上万的人民都认为将这一残暴的统治势力从大陆驱逐出去是振奋人心的，她煽动印第安人和黑人来摧毁我们，这一残忍的行为造成双重罪恶，既残忍地伤害了我们，同时也是对他们的背叛。

对于有些人，理智阻止我们信任他们，千疮百孔的心告诫我们对其保持憎恶，如果我们希望和这类人建立友谊，是多么疯狂和愚蠢。我们和他们之间仅存的亲近在日复一日地消失，难道我们还有理由期望，当这种关系走向终结时，感情还能加深吗？或者，当我们现在拥有十倍于从前的理由和他们争论时，彼此能达成更多的一致意见？

那些告诉我们要重视调停和解的人，难道你们可以弥补我们逝去的时光吗？你可以把一个妓女曾经的纯真还给她吗？同样，你们也无法实现英国和北美的和解，最后的束缚已经打破，英国人正在用各种言论攻击我们。有些伤痕天理不容，无法宽恕。如果上天能够宽恕，那它就无法称为天理了。就像丈夫无法原谅有人强奸他的妻子，北美大陆也无法原谅英国的刽子手们犯下的罪行。上帝赋予我们对于美好和智慧不可磨灭的追求，它们是我们心中上帝形象的守护者，使我们区别于动物。假如我们在情感上变得麻木不仁，社会契约就会瓦解，正义就会从世界上消失，或者只是偶然存在；假如我们的痛苦无法激起对正义的诉求，抢劫犯和杀人犯就会逍遥法外。

啊，你们这些爱人类的人啊！不畏惧反抗暴政和暴君的人们，请你们站到前面来！旧世界的每一寸土地都在遭受压迫，全世界都在驱逐自由。亚洲、非洲在驱逐她，欧洲像一个陌生人那样看待她，英国警告她离开。啊！让我们接纳这个流亡者，准备好及时为人类提供庇护吧。

# 论现阶段北美的能力，兼谈几点杂感

## 经典名句

◆ 一个曾试图征服我们的国家，最不配保护我们。

◆ 现在正是这样一个特殊的时期，对于任何国家都只有一次的时期，就是组建自己的政府的时期。

◆ 鉴于目前我们英国臣民的身份，没有国家愿意接纳我们，没有人倾听我们的声音。所有国家的王室惯例都对我们不利，而这种状态还将持续，除非我们改变现状，成为独立国家，获得和其他国家一样的身份和权力。

华盛顿在约克镇接受康华里率领英军投降的情景。

我所遇见的每个英国人或是北美人都明确地认为，两国的分离势在必行。但是，当我们在尽力描述北美大陆独立的成熟时间和条件时，却前所未有地缺乏周密的思考。

既然所有人都赞同这个提案，唯一的问题就是在具体的时间上存在异议。为了避免失误，我们应当尽量对独立进程有整体的把握，并确定合适的时间。但是我们还没有挖掘得太深入，就发现调查研究已然可以停止了，因为合适的时间找上了我们。整体的形势、鼓舞人心的团结一致都证明了这一事实。

伟大的力量不取决于个体数量多寡，而在于团结一致。我们现役军人的数量已经足以抗衡全世界的武力，目前，北美大陆拥有一支世界范围内武装精良、训练有素的最庞大的军队。然而就现阶段而言，没有任何一个殖民地能够独立生存，但是团结起来我们就能完成这一伟大事业，我们的实力恰好达到了最合适的高度。尽管我们的陆军实力雄厚，但同时也要清醒地看到，在海军方面，只要英国还能够掌控北美大陆，她就不会允许北美建造一艘军舰。因此，在海军建设上，即使再过一百年，我们可能依然停留在现在的水平，止步不前。事实上，情况甚至还可能恶化，鉴于建造海军战舰的木材日益减少，剩余可采伐的林木大都位于偏远地带，难以获取。

如果北美大陆上人口拥挤，那么目前她经历的苦难就更加难以忍受，当我们拥有了越来越多的海港，防御压力增加，可能失去的地区也就随之增加。我们目前的人数在比例上正好满足需求，无人闲置。军队的建设需要以缩减商业贸易为代价，但是军需反过来又可以促进新的贸易发展。

我们没有债务，即使我们因此负债累累，也是对美好品行的光辉纪念。如果我们能够为后世子孙留下一个稳定的政权组织形式、一个独立的政体，付出任何代价都毫不足惜。然而，花了几百万镑只为废除几条卑鄙的法律和推翻现在的内阁，未免太不值得，对我们的子孙后代也太过残忍。因为我们把最艰巨的任务丢给了他们，让他们承担债务和艰巨的任务，而他们从中却得不到任何好处。正直之人绝不会有这样的想法，唯有那些心胸狭窄、整日叫嚣的政客才这样认为。

如果独立大业得以完成，我们背负这些债务便不值一提，更何况哪个国家没有债务。国家的债务就是国家发行的债券，如果不是支付利息，负债也绝非多痛苦的事情。不列颠承担着将近一亿四千万英镑的债务，她每年要付出高达四百万镑的利息。利用债务带来的资金支持，她足以维持一支庞大的海军。北美没有负债，也因此没有财政来支持海军的建设。如果我们能拿出英国债务二十分之一的资金，就能够建立起一支和英国一样强大的海军，因为建造这样一支匹敌英国的海军，目前的造价不会超过三百五十万英镑。

本书的第一版和第二版没有包含下面的数字，现在在这里呈现给大家，以证明上述对海军军费的估计是正确合理的。（参见恩迪克：《海军史》，绪论，第56页。）

建造各种等级的战船，装配桅杆、桁、船帆和索具的费用，以及雇用水手和造船匠八个月工作的合理报酬，根据英国海军大臣伯切特先生的计算，数据如下：

| 每艘战船装配的枪炮数量（门） | 所需费用（英镑） |
|---|---|
| 100 | 35,553 |
| 90 | 29,886 |
| 80 | 23,638 |
| 70 | 17,785 |
| 60 | 14,197 |
| 50 | 10,606 |
| 40 | 7,558 |
| 30 | 5,846 |
| 20 | 3,710 |

英国海军大臣伯切特（Josiah Burchett），曾任英国海军大臣近50年（1694—1742），其1720年所著的《海上最著名战事全史》成为研究当年海军史的重要文献。

因此，我们可以轻易地推算出全部英国海军的价值和军费开支，1757年的英国海军处于巅峰时期，当时拥有的舰船与火炮数量如下：

| 舰船数量（艘） | 火炮数量（门） | 每艘造价（英镑） | 总计造价（英镑） |
| --- | --- | --- | --- |
| 6 | 100 | 35,553 | 213,318 |
| 12 | 90 | 29,886 | 358,632 |
| 12 | 80 | 23,638 | 283,656 |
| 43 | 70 | 17,785 | 764,755 |
| 35 | 60 | 14,197 | 496,895 |
| 40 | 50 | 10,606 | 424,240 |
| 45 | 40 | 7,558 | 340,110 |
| 58 | 20 | 3,710 | 215,180 |
| 85 | 单桅帆船、轰炸船、火攻船等 | 2000 | 170,000 |
| 成本 | | | 3,266,786 |
| 可供添置火炮的余额 | | | 233,214 |
| 总计 | | | 3,500,000 |

世界上没有别的国家像北美一样拥有如此有利的地理位置，能够完全依靠国内资源建造一支海军。她的自然资源涵盖柏油、林木、铁和帆索，我们不需要从国外进口任何原材料。尽管荷

兰人依靠向西班牙和葡萄牙出租战船而获得暴利，但他们造船的材料都依赖进口。既然美国具有建造军舰的天然条件，我们应该将建造军舰视为商业活动。这是我们所能进行的最成功的投资，在海军建成后，它的价值将远高于成本投入。而且这也是国家战略的点睛之笔，我们成功地把商业和国防结合在了一起。让我们建设一支强大的海军吧，如果我们用不着如此多的舰船，可以卖给他国，借此把纸质货币替换成真金白银。

在海军舰队的人员配给方面，人们常常误入歧途。其实大可不必让四分之一的人都去当水手，那艘"恐怖"的武装民船——"死神船长"号，在上一场战争中和所有船只都展开了最残酷的战斗，她的舰载编制虽有两百人，可船上实际只用了不到二十个水手。一些能干、有经验的海员能够在短时间内指导活跃的新海员适应海上任务。我们拥有大量的林木资源，又恰逢近来渔业行情惨淡，水手和造船商陷入失业潮，因此，现在就是我们开展海军建设千载难逢的好机会。有几艘装载七八十门火炮的战船是四十年前在新英格兰地区生产的，为什么现在不采取同样的行动呢？造船业是北美最大的骄傲，她迟早有一天会在这个领域领先世界。东方的超级帝国大都地处内陆，因而排除了他们和北美在海上抗衡的可能性；非洲尚处于原始落后的状态；而在欧洲，没有哪个国家拥有如此辽阔的地域和绵长的海岸线，或是能够在原材料供给上自给自足。大自然对人类的恩赐，往往是有一份慷慨就会有一份吝啬，然而美国却拥有得天独厚的一切。辽阔的俄罗斯帝国几乎没有出海口，因此她无边无际的森林，她的柏油、铁和索具，都只不过是商品。

出于安全的考虑，难道我们不应当拥有一支舰队吗？我们已然不是六十年前的小国寡民了，那时，我们可以把仅有的财产随意置于街道田野之中，我们可以安然入睡，夜不闭户。世事变迁，现在我们自我保护的手段也应随着财产的增加而不断提升。一年前，一个普通海盗可以轻易沿特拉华河上溯到达费城，大量掠夺居民的财物，这样的情况在其他地区也时有发生。不仅如此，任何一个大胆的家伙，驾驶一艘装载十四到十六门火炮的双桅横帆船，大概都足以掠走五十万镑财产，洗劫整个大陆。这些都值得我们注意，它们明确了海防的重要性。

或许有人会说，我们和英国讲和之后，她会保护我们。可是，难道我们会愚蠢地认为，她会为了保护我们而在我们的港口驻扎海军？常识告诉我们，一个曾试图征服我们的国家，最不配保护我们。假借友谊的名义对我们进行事实上的征服；而我们在经历了长期英勇的抵抗后，最终被欺骗沦为奴隶。同时，我还想问：如果不允许英国海军进驻我们的港口，她将如何保护我们？一支远在三四千英里之外的海军几乎难有作为，而遇到紧急情况时，更是无计可施。因此，如果我们必须自卫，为什么不自己保护自己，为什么要依赖他国？

英国战舰数量可观，十分庞大，但只有不到十分之一正在服役，甚至有许多已然名存实亡，只要还存在一块船板，它的名字就被记录在案。而正在服役的战舰中，只有不到五分之一能够随时出发到各地执行任务。东印度群岛、西印度群岛、地中海地区、非洲和其他英国治下的地区，对英国海军的需求量相当之大。出于偏见和疏忽，我们对英国海军一直持有错误的判断，仿佛我们马上就要和全部英国海军硬碰硬，因而我们要组建一支和他们同样强大的海军。一旦我们被这种想法左右，一些伪装的托利党人便跳出来打击我们组建海军的初步计划。然而世界上没有什么比这种想法更违背事实了，因为如果北美拥有英国海军二十分之一的力量，她就足以对抗英国。我们没有，也未曾宣称对任何海外领土进行统治，因此海军力量只需部署在本国海岸线。从长远来看，如果英国海军意图发动攻击，他们需要从三四千英里之外赶来，整修战舰和物资、兵力补给都要在千里之外进行，如此一来，本土作战的我们就拥有加倍的优势。尽管英国可以利用他们的战舰阻拦我们的对欧贸易，但我们也有强大的海上力量牵制她和西印度群岛的贸易往来，西印度群岛与北美大陆比邻，完全处于北美的控制之下。

如果我们觉得没有必要维持一支常备海军,就需要采取措施在和平年代保证一定的海上力量。只要我们给商人们发放补贴,让他们建造舰船,五六十艘不同级别的战船分别配置二十、三十、四十或五十门火炮(发放的补贴和商人载货容积的损失成正比),加上一些执行常规任务的护卫舰,我们就可以保持一支像样的海军。同时不必像英国那样遭受令人头疼的诟病,面对大量闲散战舰停靠码头的窘境。把商业发展和国家防卫结合起来是一个绝妙的政策,我们的兵力和财富互相促进,再也不必惧怕外来的敌人。

基本上国防所需的全部物资我们都储量丰富。麻类植物繁茂非常,比比皆是,因此我们不缺少绳索,铁矿质量高于其他国家,轻型武器堪比世界上其他任何国家。我们可以轻松制造出大炮,每天都产出大量的硝石和火药。同时,我们的知识储备每时每刻都在飞速递增，意志坚定是我们与生俱来的品质，勇气始终与我们相伴。因此，我们还缺少什么？我们还在犹豫什么？屈从于不列颠，我们只能看到自我的毁灭，此外无法得到任何东西。如果她还能够再次统治北美大陆，那这片土地也就不再值得留恋。猜忌四起，暴乱频发，谁能挺身而出平息事态？谁将冒生命危险的代价，从异国统治下拯救他的同胞？宾夕法尼亚和康涅狄格之间的边界争端证明了英国政府在这里的统治毫无意义，也充分证明了只有这片大陆自己的政府才能管理好自己的事务。

还有另一个原因说明目前是独立最佳时期：人口数量越少，未被占领的土地就越多。与其让国王拿来肆意挥霍，还不如今后用这些土地来偿还债务，并且给政府提供源源不断的财政支持。世界上没有哪个国家能够拥有这样的天赋优势。

殖民地处于我们所说的新生状态，这是对独立的有力支撑，而非反面证据。现在的人口数量众多，如果人数再增加，我们可能就没有如今这么团结。还有一点值得注意的是，一个国家人口数量越多，往往她的军队规模就越小。在军队人数上，古代要远多于现代，原因显而易见。人口的增加带来贸易的繁荣，人们把绝大部分的精力都投入到贸易上，无暇他顾，商业活动削弱了人们的爱国精神和军事防卫热情。历史向我们充分地证明，一个国家最英勇无畏的成就往往是在其未成年时完成的。随着商业进步，英国失去了她的进取精神，伦敦拥有相当的人口基数，但是却如懦夫一般，屈从屈辱，不发一言。人们拥有得越多就越害怕失去，就越不敢去冒险。富人阶层都是恐惧的奴隶，他们对着宫廷贵族们卑躬屈膝，如小狗一般摇尾乞怜。

人类的青年时期是良好习惯的播种时期，国家也是如此。花上半个世纪的时间，在这片大陆上建立一个统一的政府，即使并非完全不可能，却可能困难重重。随着贸易发展、人口增长，社会利益分化，将不可避免地产生混乱。殖民地之间可能产生对立，他们可能对彼此协作不屑一顾。愚蠢傲慢之人会因一点成绩而沾沾自喜，而明智之人则因没有早早组建联盟而懊悔感叹。总而言之，现在就是建立联盟的最佳时期。殖民地之间从建立伊始培养的亲密关系，在患难之中建立的友谊，是最持久和不渝的感情。我们如今的联盟就具有这些特点，我们年轻，我们曾遭受苦难，但是我们的团结带领我们冲破苦难，正在开创一个后世子孙引以为傲的荣耀时代。

现在正是这样一个特殊的时期，对于任何国家都只有一次的时期，就是组建自己的政府的时期。很多国家错失良机，只得被迫接受外来征服者制定的法律，而无法书写自己的法律。他们先有了一个国王，然后才形成政体。然而，统治的建立应当先形成政府的章程和条款，在这个框架内授权给一些代表，执行日常行政事务。我们应该从其他国家的错误中吸取教训，英明决策，抓住眼前的机会，从合理的源头开始组建政权。

当威廉公爵征服英国后，他用暴力手段逼迫英国接受他制定的法律。除非我们能够建立一个合法的、具有权威性的北美政府，否则我们也将面临被一个侥幸的恶棍欺凌的危险，接受他制定的法律，他将以威廉公爵统治英国一样的方式统治我们，如此一来，自由何存？我们的财产何在？

至于宗教问题，我认为政府在保护真诚、勤恳的教徒方面责无旁贷，但此外我不觉得在这方面政府还需要什么其他的政策。只有各种各样的自私鬼才紧抱着狭隘和自私的灵魂不放手，一旦一个人舍弃了这些，他便不再因为这些而恐惧。猜疑与卑鄙的灵魂为伴，是所有美好社会的祸根。就我个人而言，我完全真诚地认为，上帝主张我们拥有各种各样的宗教信仰，用基督教的包容慈爱给我们展现了广阔的天地。如果我们都用同一种方式思考，那我们的宗教倾向将经不起检验。从这一自由开放的原则出发，不同的宗教信仰就像来自一个大家庭的孩子们，他们之间的不同仅存在于教名而已。

在本书的第85页，我就《大陆宪章》提出了一些建议（只是一些想法，并非完整的计划），在这里，尽管有些冒昧，我还是想重申一下这些想法。通过观察，我认为宪章应当被视为庄严神圣的盟约，必须全体参与保证每个部分的权力，不管是宗教信仰、个人自由还是私有财产。明确的协议和公正合理的对待才能让友谊源远流长。

上文我提到了建立广泛和平等的代表权的必要性，没有什么政治问题比它更值得关注了。选民和代表都处在少数时，同样是危险的。但是如果代表的数量不仅少，而且分布不均，那危险系数就更高了。我举个例子来说明这个问题，当参加联合运动的请愿书交到宾夕法尼亚众议院时，只有二十八位议员出席投票，巴克斯县的八名议员全部投了反对票，切斯特县的七名议员也全都投了反对票，这就等于全州都被这两个县完全操纵了，而这种危险是很容易出现的。该众议院在上次会议上扬言要压制该州的代表权，这一举动应当警示全体人民，他们是如何把手中的权力拱手交出的。为代表们准备的行为指导条例已经整理完毕，但是这些条目无论是从常识上还是实践上，连小学生都会感到耻辱。而这些条目经过少数人，甚至极少数人在会外肯定后，移交众议院，在那里他们代表全州正式通过。但是，如果全州的人民知道这个议会的议员们在制定公共措施时怀着怎样不可告人的心思，他们会毫不犹豫地认为议员们辜负了他们的信任。

目前的迫切情势让许多事情在解决时带有权宜之计的色彩，而如果任由这些权宜之计继续发展，它们将会产生压迫、带来痛苦。权宜之计和正当举措毕竟不是一回事。当北美遭遇灾难寻求对策时，没有现成的办法，当时看起来最可行的，还是从众议院中选择几个议员，充分发挥他们的智慧，帮助北美大陆摆脱毁灭的命运。然而，可以确定的是，既然我们必须拥有一个**议会**，每一个怀揣着对良好秩序美好愿望的人都要承认，议会议员选举机制需要进一步的考虑和商权。我想向那些研究人类学问题的人提一个问题：如果让同一群人组成的机构拥有代表权和选举权，是不是赋予了这个机构太多的权力？当我们为后世子孙谋划的时候，应当时时牢记，美德不是靠遗传传承的。

我们常常从敌人那里获得至理真言，并从他们的错误中警醒，收获理性的经验。康沃尔先生（一位英国财政大臣）对纽约议会的请愿书不屑一顾，他表示，因为那个议会只有二十六名代表，这个数量显然无法代表整体。而我们应该感谢他违反本意的诚实。

> 读者如果想要深刻理解一个广泛而平等的代议制对国家的意义，应当阅读英国辉格党政治家詹姆斯·伯格（James Burgh，1714—1775）的《政治研究》（Political Disquisitions）一书。——原书注

**总而言之**，不管这对于有些人来说有多么奇怪，或者他们不愿意赞同我的观点，这都无关紧要，因为许多强有力和明确的证据都说明，只有公开、明确地宣布独立，才能尽快解决我们的问题。理由如下：

第一，根据国际惯例，两国交战时，由没有介入战争的第三方参与调停，拟定和平条约的预备条款。但当北美大陆还自称英国的臣民时，不管第三方对我们有多友好，她都不能介入调停。而就目前的状况看，我们可能会无休止地争论下去。

第二，有人认为法国和西班牙会向我们伸出援手，但如果我们只是借由他们的帮助去修补裂痕，进一步强化英国和北美的关系，这种观点就站不住脚了，因为他们将因自己的帮助蒙受损失。

第三，当我们把自己定位成英国的臣民，在其他国家眼中，我们大概与叛乱者无异。人们在臣民的名义下暴力反抗，在他们看来多少是对和平的威胁。而我们现在正好可以解决这个矛盾，但是要把抵抗和臣服联合起来的这一巧思，对于一般民众理解起来显然十分困难。

第四，如果我们写一份宣言，送往各国宫廷，陈述我们在被统治期间遭遇的痛苦，并说明我们竭尽所能地使用和平手段，却徒劳无功；同时宣布，英国国王的统治是如此暴虐，我们无法过上幸福安全的生活，因而我们被迫下定决心切断和英国的一切联系；此外，还应向各国王室表达我们一贯和平的立场和追求，以及我们希望与他们开展贸易往来。这样一份备忘录对于北美大陆来说，比写一车请愿书给英国政府的效果要好得多。

鉴于目前我们英国臣民的身份，没有国家愿意接纳我们，没有人倾听我们的声音。所有国家的王室惯例都对我们不利，而这种状态还将持续，除非我们改变现状，成为独立国家，获得和其他国家一样的身份和权力。

这些程序初看起来可能陌生又难以执行，但是就像我们经历过的其他步骤一样，只要经过一段时间，它们就会变得熟悉并且易于接受。在宣布独立之前，这片大陆就像患了拖延症一样，将一些讨人厌的差事一天天后延，明知道必须要做，却还是迟迟不肯动手，期盼一切能够早日完结，同时念念不忘它的必要性。

# 附 记

## 经典名句

◆ 脱离英国统治而独立,符合北美大陆的利益。

◆ 独立是唯一能够维系我们团结一致的纽带。

◆ 与其抱着怀疑和好奇彼此审视,还不如每个人都真诚地向邻里伸出友谊之手,划清与过去的不快之间的界线,忘记争吵,原谅分歧。让我们埋葬独立党和保王党的名号,让我们的名字只是:一个好公民、一个坦率而坚定的朋友、一个拥护人权和赞成自由独立的北美联邦的高尚支持者。

**托马斯·杰斐逊画像**

托马斯·杰斐逊（Thomas Jefferson，1743—1826），《独立宣言》主要起草人，美国开国元勋之一，也是美利坚合众国第三任总统（1801—1809）。

自从这本小册子第一版出版以来，或者更准确地说，就在它问世当天，英王的演讲稿传到了这个城市（**指费城**）。即使有神灵能够预言本书问世的时间，也挑不出一个更合适的时机和更必要的关头。一方的嗜血心理，恰好印证了另一方主张的必要性，人类在报复中读懂了这一切。英王的演讲不但没有恐吓到人们，反而为独立原则的深入人心铺平了道路。

固守礼节、保持沉默，无论这是出于何种动机，但只要对卑鄙邪恶的行为稍有纵容，都会酿成祸根造成伤害。因此，如果我们认可这一说法，英王的演讲就自然而然成了罪恶的代言，为议会和人民所憎恶。然而，国家内部的稳定极其依赖人民对所谓**国家事务**的忠诚，在守卫国家和平与安全上，有些事情可以用无声的蔑视轻轻带过，这总好过憎恶衍生的所谓新方法，因为后者根本带不来任何新意。或许是基于审慎的考虑，英王的演讲至今都没有引起公众的反感。但这个勉强可以被称为演讲的发言，其实是对真理、社会福祉乃至人类存在进行肆无忌惮的刻意诽谤，以冠冕堂皇的方式渲染人民为暴君的骄傲所做的牺牲。对人民大规模的屠戮既是国王们的特权，也是他们带来的恶果。大自然不了解国王，他们也不了解大自然。尽管我们自己创造了国王，然而他们却不了解我们，反而自命为神，以为自己创造了自己。演讲稿通篇只有一个好处，它没有处心积虑地欺骗我们，即使我们自愿被骗，它也欺骗不了我们。残忍和暴政赫然纸上，让我们在阅读时容不得半点忽视，字里行间都让我们相信，即使森林中原始无知的印第安人在捕捉猎物时，都不及英国国王那样野蛮。

被谬称为《英国人民致北美居民书》的文章是一篇满是抱怨的阴险作品，其假托约翰·达尔林普尔爵士（Sir John Dalrymple）是作者，文中想当然地臆测，北美人民被他对英王的炫耀和浮华的描述给吓到了，因而，他在文章中描绘了现任英国国王（指乔治三世）的真实性格（尽管此举很不明智）。"但是，"他补充

查尔斯·沃森－文特沃斯（Charles Watson-Wentworth，1730—1782），第二代罗金汉侯爵，英国辉格党政治家，两度出任英国首相（1765年7月—1766年7月，1782年3—7月）。

道,"如果你倾向于恭维政府(指废除《印花税法案》的罗金汉侯爵内阁),我们也没有丝毫抱怨,但是你不能拒绝歌颂国王,因**为只有**他点头,政府才有权做所有事情。"这是典型的托利党保王主义论调!这是赤裸裸的盲目崇拜!谁要是能够听进去并且接受这样的教条,就充分说明他已经丧失了辨别是非的能力——他背叛了整个人类——他不仅抛弃了生为人的尊严,更放纵自己沦落到牲畜不如的境地,像蠕虫一样在世界上卑鄙地爬行。

然而,现在讨论英国国王的所言所行,已经没有太多意义了,他已然费尽心机打破了道德底线,破坏了人类义务,将天性和良知踩在脚底。长期以来形成的傲慢和残暴,更给他招来了普遍的仇恨。现在是北美大陆自力更生的时候了,她已经拥有了一个庞大而年轻的家族,她需要承担他们的责任，而不是用她的财产来支撑一个沦落为人民和基督教耻辱的政权。**你们**的责任是监管国家道德原则，同时遵守你们所属的宗教派别的道德原则，而你们更是公众自由的守卫者。如果你们希望自己的祖国不被欧洲的腐败所玷污，那么你们在内心深处一定希望独立。但是，除了把道德上的问题留给个人去思索外，我在这里想就以下问题谈谈自己的看法。

第一，脱离英国统治而独立，符合北美大陆的利益。

第二，**和解还是独立**，到底哪一种是最容易实现且最实际的计划呢？这里还要补充说明。

为了证明第一点，我想借用北美大陆上最有才干、经验最丰富的有识之士的观点，他们关于这一问题的许多主张还没有公布于世，但在现实中不言而喻。因为没有哪一个国家，在完全从属他国、贸易受阻、立法权受限且束缚重重的状态下，能够实现物质上的繁荣。北美甚至不知道富裕是什么，尽管她已经取得了历史上其他国家都无法比拟的进步，然而相对于她未来所能达到的成就来看，这才刚刚是个开始，因此她应该也必须把立法权牢牢掌握在自己手中。现在英国正在垂涎对她没有任何好处的东西，而北美大陆正因生死攸关的问题而迟疑纠结、踌躇不前——如果忽视这个问题，北美可能会走向灭亡。英国的利益仰仗的是北美的商业繁荣而非对北美的征服，如果两个国家能像法国和西班牙一样彼此独立，那么这一贸易状态很可能会长期持续下去，因为对许多物品而言，双方都找不到更好的市场。但是，对于北美来说，目前最重要且唯一的目标就是争取独立，不再臣服于英国或者其他任何国家，这一信念会像其他必然被发现的真理一样，变得日渐更清晰且更强烈。

首先，因为独立迟早都会来临。

其次，耽搁的时间越长，实现的困难就越大。

我在公共集会和私下聚会上注意到一些人，他们说话不经思考，常常信口开河犯下大错，我虽然不予置评，却常常暗自发笑。在听到的各种论调中，有一种说法甚为普遍：如果北美大陆和英国的分离能再推后四五十年而不是现在，到那时，北美会有更强大的力量实现独立。对这个说法，我的回应是，上次战争（指七年战争）中积累的经验造就了我们目前的军力水平，再推迟四五十年的话只怕这些优势就被消磨殆尽了，整片大陆只怕连一位将军，甚至一个军官都找不到

**七年战争**

1756—1763年的七年战争,参战国为英国和法国等欧洲主要国家组成的两大交战集团,而主战场则位于北美和印度等地。

了;而那时的我们和我们的后代在军事方面,都像古代印第安人一般一无所知。单从这点看,如果我们仔细分析,将无可辩驳地证明,现在就是最好的时机。这个论证的逻辑是:上次战争结束时,我们收获了经验,但军队数量仍然不足;再过四五十年,我们拥有了大量的士兵,而战争经验却早已不再适用。因此,合理的时机是在两种极端情况中找到折中点,既要具有足够的战争经验,又拥有足够的军队数量。这个时机就是现在。

请各位读者不要介意上面这段题外话,因为这段内容不适合放在我开篇的话题之下,我下面的主张则会回归正题。

如果我们能暂时修复和英国的关系,英国也依旧能够掌控和统治北美(就目前形势来看,我们正在彻底放弃这一观点),那么我们就会无法偿还已有的债务,将来也可能无法另行举债。由于加拿大非法的领土扩张,以一百英亩五镑的价格购入土地,许多地方的边境土地都被以这样低廉的价格买去,用宾夕法尼亚的通行货币计算,损失总计高达两千五百万。这样大的面积内,以每英亩一便士计算免役租,每年的损失也有两百万。

债务问题可以随着这些土地的售卖而解决，不需要增添额外负担，遗留下的免役租随之减少，迟早可以供给政府每年的开支。重要的不是我们花多久才能偿清债务，只要售卖土地有效地偿还债务就行，而大陆会议则受北美大陆的委托，负责这项任务的执行。

接下来我想谈谈第二点，**和解还是独立**，哪一种是最容易实现且最实际的计划？以下是我的观点和说明。

用自然规律作为指导的人，他们的观点不容易被驳倒，鉴于此，我以概括的观点来回答——**独立是唯一简单的道路**，尽在我们掌握中；而和解过程复杂多变，还常常被无信无义的善变王室所干涉。因此，我们做出怎样的选择是没有悬念的。

任何善于思考的人都会对北美现在的状况感到忧虑，这片大陆没有法律，没有政府，除了他国礼节性的承认外没有任何权力的基础，只是一个名义上存在的国家。虽然北美现在被空前一致的情感团结在一起，但这种情感可能随时发生变化，同时暗地里的敌人也在努力瓦解我们的共识。目前我们的处境艰难，空有立法职能却没有法律，满腹经纶却制订不出系统的计划，有政体却没有名号，最令人震惊的是，我们具备了独立的条件却始终倾向依附英国。这种状况史无前例，前所未有，能有谁预测将来会发生什么？在无约束的现有体制下，人民的私有财产得不到保护。多数人随波逐流、听其自然，没有确定的目标，追随着幻想和流言的方向。无所谓犯罪，也没有背叛，因此，每个人都自以为可以随心所欲，为所欲为。如果托利党意识到他们的行为违反了自己制定的法律，威胁到自己的生命的话，他们就不会如此贸然地公开集会了。我们必须清楚地认识到，战争中被俘虏的英国士兵和被抓住的武装（反抗独立）的美国居民是不同的，前者是战犯，后者是叛徒，处罚前者，我们只需剥夺他的自由，而对后者，我们要取他的性命。

尽管我们英明睿智，但在实际行动中还是存在软弱的毛病，难免造成意见分歧。北美大陆并非处在大陆会议全面的控制之下，如果不及时采取办法，那么做任何事都会为时太晚，大陆势必陷入和解和独立之间的两难境地。国王和他那些不足道的追随者又玩起了那套分裂北美的老把戏，而我们内部也不是无懈可击，出版商们开始大肆宣扬那些华而不实的谎言。几个月前，纽约两家报纸刊登了一篇狡诈而伪善的报道，还有两家报纸也登载了这一文章,这充分说明有些人既缺乏判断力,也毫不诚实。

躲在闭塞的角落里讨论和解不是什么难事。但是,这些人有没有认真考虑过这项任务有多艰巨,如果大陆自此分裂了,又有多危险?当他们想到自己的状况和处境时,有没有同时考虑过别人,他们有没有考虑过一无所有的人民,有没有考虑过奋不顾身保卫国家的战士?如果他们稳健的错误判断只是基于对他们自身周遭的顾虑做出的,而丝毫没有顾虑他人的话,到头来终会让他们相信,"他们是在擅自作决定"。

还有人说,让我们回到1763年曾拥有的地位吧,对此我的回答是:这不是现在的英国所能做到的,而且她也不愿意去做。但如果她同意了甚至批准了,我想问:如何能确保这样一个腐败的、背信弃义的王室信守承诺？下届议会，不，甚至现任议会都会借口这是强加的，或者说当时是不明智的决定，从而废除这项义务，到那时，我们要用何种方式补救？我们无法像其他国家一样诉诸法律，国王将一切都诉诸大炮武力来解决，决定成败的关键不是正义，而是战争。假如要回到1763年，只有法律放回同样的年代是远远不够的，我们的境况也要回到那个年代。被焚毁破坏的城镇需要重建修复，私人损失需要补偿，公共债务（国防债务）需要偿还，否则，我们就陷入了悲惨百倍的境地，而不是过上当时那种令人羡慕的生活。如果一年前这一要求得到满足，那么还可能赢得大陆全心全意的支持，但是现在为时已晚，"时机已然过去"。

如果我们为坚持废除一部财产法而使用武力，就像用武力强迫推行这条法令一样，未免显得为神法所不容，并且违背了人类的感情。对于这两种行为来说，为达目标都未必需要如此不择手段。人类的生命如此宝贵，不值得为这样的小事而牺牲。只有当有人使用暴力，威胁人民的人身安全，武力摧毁我们的财产，或是国家遭受武力入侵时，才使我们从良心上认识到必须拿起武器保卫自己，保卫国家。一旦国家防卫上升到如此高度，我们就不必再对英国做出任何臣服。北美大陆的独立从第一枪打响之时就开始了，我们开启了一个新的时代。这条线的发展是连贯一致的，不是一时兴起，也不是被放大的野心，而是由一系列事端导致的，而肇事者并非殖民地。

我想用一些及时有效和善意的意见来结束这篇评论文章。我们应该意识到，有三条不同的道路可以实现独立，三条道路中的任一条迟早会决定北美大陆的命运。这三条道路分别是：大陆会议中人民声音的合法表达；借助军事斗争；通过平民起义。我们的士兵不可能全部是公民，也不可能保证大多数都是理性的人。我在上文中就提到过，美德既不是靠传承得来，也不是永恒不变的。如果我们可以用第一种方式实现独立，我们就能利用各种机会和鼓励建立起世界上最高尚圣洁的政体。自从洪荒以来，像我们目前这样的境况从未有过。新世界的诞生已在眼前，和欧洲人口总数相当的人们将在几个月后获得他们应得的自由。这种想法是严肃的，如此看来，那些软弱和偏私之人的微不足道的无端指摘，和这项世界性的伟大事业相抗衡，是多么荒谬可笑啊。

如果我们忽视现在的有利时机，以后借助其他的方式完成独立，那么要承担后果的就是我们自己，或者迁怒于那些有偏见的心胸狭隘之人，指责他们不经调查和反思就习惯性地反对各种措施。我们应当支持独立的原因有很多，人们只要私下里各自认真思考，不必明说。我们现在不应该还纠结于是不是要独立，而是要考虑如何在一个坚实、稳定的正当基础上完成独立，并为还没有着手各项事宜而感到不安。每一天我们都在加深对独立必要性的理解，甚至托利党人（如果我们之中还存在这类人的话）都在积极推动独立进程，因为最初选出的委员会成员保护了他们免遭大众的愤怒带来的伤害。因此，只有建立一个英明且行之有效的政权，才是唯一能继续保证他们的安全的方法。无论如何，即使他们的品行还够不上成为**独立党人**的资格，他们也会审时度势期待独立的到来。

总之，独立是唯一能够维系我们团结一致的**纽带**。我们到时候要看清楚目标，坚定信念，不要被残酷无情的敌人抛出的阴谋诡计所蛊惑。再者，我们也应站在适当的立场和英国谈判，因为我们有理由相信，对于英国王室而言，相较于和她治下的"叛乱臣民"谈和解，还是与北美联邦举行和平谈判更能维持其尊严和骄傲。正是我们的犹疑和拖延燃起了他们征服的希望，我们的迟疑不决只会导致战争的延长。我们曾中断对英贸易弥补我们的屈辱，但这毫无成效，现在让我们尝试另一种方法，用独立来弥补我们的伤痛，同时开放贸易。英国商人和明智之人会赞同我们的主张，和平地开展贸易，总比战争时期废止贸易好得多。如果英国没有采纳我们的建议，我们可以寻求和其他国家的贸易往来。

关于这个问题就说这么多。既然现在还没有人站出来反驳这本小册子中阐述的观点，就从反面证明了，本书中的观点无法被驳倒，或者因赞成者众多难以反对。**因此**，与其抱着怀疑和好奇彼此审视，还不如每个人都真诚地向邻里伸出友谊之手，划清与过去的不快之间的界线，忘记争吵，原谅分歧。让我们埋葬独立党和保王党的名号，让我们的名字只是：一个好公民、一个坦率而坚定的朋友、一个拥护**人权**和赞成**自由独立的北美联邦**的高尚支持者。

# 附：致贵格会教友

◆ 贵格会又称公谊会或者教友派，是基督教新教的一个派别。该派反对任何形式的战争和暴力，不尊敬任何人，也不要求别人尊敬自己，主张人人生而平等，应当被平等对待。贵格会信徒曾受到英国政府迫害，与清教徒一起移民到美洲，但又受到清教徒的迫害，大批贵格会教徒逃离马萨诸塞州而定居在罗得岛州和宾夕法尼亚州等地。由于宾夕法尼亚州有大量贵格会教徒聚居，习惯上以 Quaker City 作为费城的别名，因而费城人也被称为 Quaker。潘恩此版完成于费城，附言中的这一部分，有地区的针对性。——译者

**约翰·洛克画像**

约翰·洛克（John Locke, 1632—1704），英国政治哲学家，启蒙时代最具影响力的思想家之一，自由主义者，其思想极大地影响了美国独立及建国进程。

**致**人称贵格会教徒的宗教界代表们，他们中许多人参与了下面这本书的出版，该书题为《贵格会教徒箴言与原则新编，关于国王和政府，及目前北美各地区的普遍骚乱的讨论，以此致广大公民》。

笔者是少数从未表达对宗教的任何不敬、从未取笑或是挑剔指责过任何教派的人之一。在宗教领域内，所有人只对上帝负责，不对任何个人负责。因此，这封书信将你们视为政治实体，而非宗教团体，因为你们涉足了以宁静平和为原则的宗教信条禁止插手的事务。

由于你们在没有合理授权的情况下，将自己放在全体教友会代表的立场上，所以，笔者为了能和你们在同一高度，视自己为与你们的著作、原则、想法都相反的人们的代表。并且，为了让你们能够了解他，笔者选择了这样一个独特的视角，即使你们无法清楚地认识自己也没有关系。因为他和你们都没有权力自称为政治代表。

当人们偏离了正确的道路，他们跌撞、摔倒都不足为奇。从你们的言辞选择和行为方式可以明显看出，政治领域（你们的身份还是宗教团体）不是你们的长项。不管这本《新编》看起来有多符合你们的需要，它都只不过是一堆有好有坏的东西的堆积，因而得出的结论既不自然顺畅，也不公正。

在这封书信的前两页中（总共也不过四页），我们相信，并且期待能够从你们那里获得同样的礼遇，对于和平的爱和渴望不是贵格会的专属，它是人类自然的本性，也是所有教派真诚的希望。在这片土地上，人们为建立属于自己的独立政体而努力奋斗，我们在希望、结局和目标上超越了其他所有人。我们的目标是永远的和平。我们受够了和英国喋喋不休的争论，除非实现最后彻底的分离，否则这些争吵不可能真正结束。为了追求永远的、不被打扰的和平，我们的行动必须协调一致，还必须承受目前的罪恶和负担。我们正在努力，并将持续不停地努力下去，斩断这一令我们血流成河的联系；继续固守在所剩无几的英国臣民名分之下，对于双方的未来来说，都是祸患的根源。

我们之所以奋起抗争,不是为了复仇,更不是为了征服英国;不是出于骄傲,也不是出于一时愤慨;不是为了让我们的舰船和军队到处横行,更不是为了掠夺财物毁灭世界。事实正好相反,我们在每天生活的家园里饱受欺凌,在我们的屋舍里,在我们的土地上,遭受暴力的侵扰。敌人像拦路抢劫的强盗和入室偷窃的盗贼,我们却无法利用国家法律保卫自己,因而必须考虑用武力惩罚他们,在特定情况下,还要用刀剑代替你们曾经使用的绞刑。或许,我们对在这片大陆上遭受苦难的全体人民的同情,还没有直达你们的内心深处,但是,请你们在发表抗议时,一定要弄清楚,确定你们找到了正确的抗议对象和原因。请不要将人类内心的冷漠作为宗教的教义,不要把那些盲从者当作基督徒。

· · ·

喔！你们中的一些人还是有原则的。如果动用武力是一种罪，那么先开战的一方更是罪孽深重，因为恶意的战争挑衅和不可避免的自我防卫是完全不同的。因此，如果你们是真心诚意地讲经布道，而不是把宗教当作政治工具，那么请你们向我们的敌人宣传你们的主张，以让世界信服，因为他们也拿起了**武器**。为了证明你们的真诚，请将这些教义原则在圣詹姆士宫印刷成册，送给英国在波士顿的总指挥官，送给像海盗一样掠夺我们海岸线的海军司

圣詹姆士宫坐落于圣詹姆斯区的帕摩尔，自1714年起，汉诺威王朝的前三位君主（乔治一世、乔治二世和乔治三世）均使用圣詹姆士宫作为他们在伦敦时的主要居所。它至今仍然是由皇室拥有的法定官邸，属于英国本土最高规格的王宫。

附：致贵格会教友

令，以及所有在你们所声称效忠的国王命令下屠杀百姓的恶棍。如果你们像巴克莱那样拥有良知，就会向你们的国王宣扬忏悔。你们应该告诉国王他的罪行，警告他去避免永远的毁灭。① 你们不应该带着偏见，抨击那些受到伤害和侮辱的人，而是去学学那些忠实虔诚的牧师，大声疾呼，一视同仁。不要说你们被迫害了，也不要试图把我们当成责难的始作俑者，这都是你们自己

---

① "你们拥有过繁荣，也遭受过不幸；你们最明白被从故土上驱逐是什么滋味，知道什么是被统治，什么是统治，知道如何登上王座；作为曾经被统治的一方，你们有理由知道，在上帝和全人类眼中，压迫者是多么遭人憎恨：如果听完了这些警告和建议，你们还不去向上帝全心全意地祷告，并且忘记了在苦难中拯救你的主，反而一味地任由自己沦陷在欲望和虚荣之中，你们必将遭受巨大的谴责。要拒绝诱惑，抵抗住邪恶的诱惑，最成功和最普遍的补救方法是，接受照耀你灵魂深处的上帝之光，它既不会对你阿谀奉承，也不会让你轻易犯下罪孽。"——巴克莱：《致查理二世》

造成的。我们向所有人保证，不会因为你们是贵格会教徒就抗议你们，我们的谴责是因为，你们本来**不是**，却硬要装成是贵格会教徒。

哎！你们发表的部分抗议和你们的行为，将所有的罪恶都理解和归结为动用武力，而且只是人民动用武力。在我们看来，你们的言行误把政党争斗当成了公平正义，行动的总体思路缺乏一致性；我们很难去相信你们那些虚伪的顾虑和不安，因为我们看到许多有这样顾虑的人，他们宣称自己反对这个金钱至上的世界，却对金钱如饥似渴，趋之若鹜。

在你们的抗议书的第三页上，有一句你们引用的箴言——"人所行的，若蒙耶和华喜悦，耶和华也使他的仇敌与他和好"（《圣经·旧约》）。其实你们真不该用这句话来论证自己的观点，因为英王（你们绝对忠诚的这个人）的所作所为无法让上帝感到任何的喜悦，如果他能够做到，其统治应该是和平的。

现在我想说说那本书的后面一部分，前面所说的看起来只是引言。

"自从我们信仰上帝的光辉以来，直到今天，在我们灵魂和内心深处都坚持着这一主张和原则，废除国王和君主政府是上帝的特权，个中原因只有上帝才知晓。在这个问题上，我们无权插手过问或出计谋划；不应该越级干涉，也不应该设计谋划毁灭和颠覆国王及君主政府。我们要做的是，为国王祈祷，为国家的安全祈祷，为人民的美好幸福祈祷。只有这样，我们才能过上和平安稳的生活，享受幸福和真诚。让我们顺从这个上帝为我们选择的政府吧。"

如果上面这些真的是你们的原则，那么你们为何不遵守？为何不让上帝亲自处理那些你们口中上帝的工作？那些原则让你们耐心、谦卑地等待，等待所有公共事务的结果，像接受神谕一样接受那些事务。因此，如果你们真的完全相信这篇政治抗议书的内容，那它的立足之地到底在何处？而且其出版更是证明了，你们既不相信自己宣传的一切，也没有足够的美德去践行你们相信的一切。

贵格会教义的一条基本理念是，人们要保持平静，不触犯任何事物，服从所有统治他们的政府。如果建立、废除国王和政府是上帝的特权，那么他必不会让我们左右一切；因此，这一原则让你们相信，所有已经发生、将要发生在国王身上的都是上帝的旨意。**奥利弗·克伦威尔**会感谢你，**查理一世**应该也不是死于凡人之手。如果查理一世如今那个傲慢的模仿者（指乔治三世）也落得同样的下场，这本书的作者和出版商们要因为这些条文欢欣鼓舞，为现实鼓掌喝彩。国王不是被奇迹打倒的，政府的变革也不是什么其他方式导致的，而是我们正在使用的、普遍且人类本身可以实现的手段。即使是我们的救世主，也预言犹太人的驱逐是依靠武力完成的。因此，即使你们拒绝支持一方，也不该干涉另一方，而是应当安静地等待事态的发展。除非你们能够通过神权来证明，万能的上帝创造和安排好了这个新世界，把它放在距离旧世界最远的地方，一个在东，一个在西，然而，同时不赞同它从腐败、无约束的英国王室统治下独立。我认为，除非你们能证明这一点，否则你们要如何解释这一原则，以便正确地鼓动和激励人们去相信，"坚定地团结在一起，反对这类作品和手段：它们渴望切断我们和大不列颠王国之间令人愉悦的联系，这一联系至今都能让我们享受到快乐；它们还企图切断我们对国王公正且必需的服从，切断我们和国王的合法代理人之间的联系"。这是多么响亮的一记耳光啊！这些人在上一段中还在安静、被动地将任命、改变和废黜国王的权力交付到上帝手中，现在却又撤回自己的原则，参与到这件事中来。有没有可能，刚才引用的结论也是他们如此得出的呢？其逻辑中的前后不一显而易见，论证荒谬令人捧腹，能如此行事的，只能是那些被绝望的政治党派的狭隘和怒气毒害了思想的人。因此，你们根本代表不了贵格会的全体教众，而只是其中零星的一小部分。

对你们的抗议书的批驳到此为止（即使你们所为已然清楚明了，但是我并非蓄意发动世人去抵制，反而希望人们可以阅读全文，做出公正的评价）。在此我还要再多说几句，"所谓国王的废立"，多数时候是指将一个还不是国王的人扶上王位，或是将国王赶下王座。而这些和我们如今正在做的事有什么关联呢？事实上，我们根本不想去废立国王，而是希望摆脱和国王之间的任何关系。不论从何种角度看，这篇抗议的证言都证明你们的判断是错误的，因此，出于以下各种原因，最好不要再印刷发行了罢。

第一，它多少有指责所有宗教的嫌疑，并将宗教卷入了政治分歧，这对社会是极大的危害。

第二，事实证明，有很多人不赞成印行这篇政治性的抗议书，他们担心自己被卷入其中，甚至被认为是这种观点的支持者。

第三，它会破坏北美大陆的和谐与友谊，这还是依靠你们慷慨的慈善捐助建立起来的，而保持这份和谐与友谊，对于我们所有人来说都至关重要。

话到此处，我要和你们告别了，不带任何的愤怒和怨恨。我真诚地希望，老百姓和基督教徒都能够享有完全的、不受干扰的公民权利和宗教权利；而你们也能帮助确保他们的权利。然而，你们却做了一个坏榜样，把宗教和政治混为一谈，这将会遭到每一个**北美大陆**居民的否定和谴责。